W0308236

AUTORISATION DE DÉCOLLAGE

Olivier Claux

AUTORISATION DE DÉCOLLAGE

Direction éditoriale : Stéphane Chabenat
Suivi éditorial : Pauline Labbé
Conception graphique et mise en pages : Pinkart
Conception couverture : MaGwen

Les Éditions **de l'Opportun**
16 rue Dupetit-Thouars
75003 Paris

www.editionsopportun.com

INTRODUCTION

L'Airbus A330 était établi à son niveau de croisière, en route vers Brazzaville.

Le copilote et moi-même avions été déclenchés de réserve en ce 1er janvier ensoleillé. Nous remplacions au pied levé l'équipage technique prévu initialement sur le vol, c'était une **IRGAV** en jargon aéronautique, une irrégularité d'exploitation. L'Airbus filait au-dessus de la Méditerranée, les îles Baléares se profilaient à l'horizon et mon officier pilote Jean, avec qui je volais pour la première fois, était expérimenté, c'était un ancien pilote de la compagnie nationale belge.

L'année commençait bien !

La sonnerie de la porte du poste de pilotage retentit.

C'était Franck, notre chef de cabine principal, qui arrivait avec un café.

Je lui demanderais mon plateau repas un peu plus tard. La perspective de déjeuner à 10 000 mètres au milieu du Sahara compenserait le fait d'être éloigné de la maison en ce jour de fête.

« Olivier, on a un problème ! La passagère du siège 25B ne se sent pas bien. Douleurs à la poitrine. On fait un appel médecin ?

— D'accord, répondis-je. Au fait, comment s'appelle-t-elle ?

— Madame Yvette. »

Moins de dix minutes plus tard, Franck était de retour :

« Pas de toubib ! Le steward de l'arrière qui fait du rugby s'occupe d'elle !

— Ok, prends le temps de remplir le questionnaire afin de pouvoir appeler le SAMU avec notre téléphone satellite », lui ordonnai-je, me demandant en quoi le fait de faire du rugby permettait de mieux gérer un infarctus...

Jean avait tout de suite compris : il s'affairait déjà à se renseigner sur la météo des aéroports alentour et entreprit les calculs de performance à l'atterrissage. Nous étions en surcharge de 30 tonnes !

Rapide briefing : Barcelone était derrière nous, Palma devant et plus loin Alger.

Franck était déjà de retour : « Les gars, on est en train de perdre Madame Yvette ! »

Bienvenue à bord !

LE « LÂCHÉ »

Je totalise maintenant près de 13 000 heures de vol.

Tout a un commencement, j'appris à piloter à l'aéro-club.

Étant tout gamin, à chaque rentrée des classes, les professeurs nous faisaient plier en deux une feuille volante, il fallait la découper précautionneusement afin d'inscrire nos noms, prénoms, adresse et, question ultime, notre futur métier. Aussi loin que je me souvienne, j'avais toujours inscrit « pilote de ligne » sur ma demi-page. Pourtant, personne dans la famille ne se souciait des avions et encore moins de partir en voyage. Peut-être était-ce la proximité du terrain d'aviation qui avait déclenché ma passion ?

Pour mes quatorze ans, mes parents m'offrirent mon baptême de l'air ! J'étais bien parti en Corse avec ma mamie en Caravelle, mais j'avais un souvenir assez flou et surtout apeuré de cette précédente expérience. J'embarquai donc à bord d'un DR400 pour ma première balade. Ce fut la révélation ! Mon métier, ma vie seraient à présent au-dessus du sol !

Mon papa s'enquit donc des modalités d'inscription : « Il est bien trop jeune, qu'il commence par le planeur... »

Pas de problème, allons chez les vélivoles ! Le vol à voile était une excellente école d'humilité et d'entraide.

Et là, patatras : « C'est possible, mais il est pas bien gros et surtout trop léger pour monter dans un **Bijave** » (la quasi-totalité des pilotes de ma génération ont entendu parler de ce planeur mythique... mais très moche).

Un an plus tard, du haut de mes quinze ans et deux kilos gagnés, je débutais mes premières leçons sur avion, le fameux Jodel D120 !

J'eus peu d'instructeurs, tous passionnés et passionnants mais un, Monsieur Beynet, m'apprit plus qu'à piloter : il m'apprit mon métier.

Nous étions à Vinon-sur-Verdon, haut lieu du vol à voile en France, et je profitais des cures thermales de mon papa pour parfaire mes tours de piste.

C'est là que je fus « lâché ».

Le « lâché » dans la vie d'un pilote est une étape terrifiante : votre instructeur vous laisse partir tout seul à bord de l'avion-école du club. C'est une expérience hors du commun et je défie quiconque qui a vécu cela de me contredire. C'est un sentiment mêlé de terreur, appréhension, concentration, libération et bonheur.

Whaou ! C'est donc ça, l'adrénaline !

De nombreuses étapes balisent la vie d'un pilote :

Votre premier vol en tant que professionnel, la première fois où vous avez une hôtesse de l'air ou un steward, votre premier vol transatlantique pour vous poser à New York, vos galons de commandant, mais rien ne remplace « le lâché » !

PREMIÈRE PANNE

Lâché ne voulait pas dire breveté. Après mes deux premiers tours de piste en solo remplis d'émotions, il était temps de parfaire et continuer la formation en vue du brevet de pilote privé.

Me voilà donc reparti pour quelques séances. À la fin de l'une d'elle, mon instructeur, M. Beynet, me gratifia d'un : « Ça va, encore un tour et je vous laisse partir tout seul. » Concentration donc pour pouvoir de nouveau voler en solo.

Décollage du bon vieux Jodel 120. Premier virage pour rejoindre le tour de piste vers 1 000 pieds et là, tiens, le moteur pétarada, pas vraiment le ronronnement auquel j'avais été habitué jusque-là...

M. Beynet m'annonça : « À moi, les commandes ! », version autoritaire d'un instructeur déjà exigeant. Bref, je le laissai faire. Ça toussota, crachota et finalement, l'hélice s'arrêta tout bonnement.

Silence... C'est très surprenant le silence dans un monomoteur d'aéro-club. Généralement le bruit est assourdissant et, à l'époque, les casques anti-bruit n'étaient que des concepts vus éventuellement dans des magazines américains d'équipement d'import-export.

« Vérifiez le robinet carburant et tirez le réchauff' carbu. »

Je m'exécutai : le robinet était ouvert et le clapet de réchauffage du carburateur, empêchant le givrage dudit carburateur, était bien ouvert. Mais bon, un moteur arrêté sur un avion sans démarreur, j'avais beau avoir quinze piges et pas mon permis, je savais que ça n'allait pas être simple de redémarrer. Finalement nous allâmes tout droit, comme on apprend encore aux élèves pilotes, et mon instructeur posa doucement le Jodel dans le champ en face, non sans être passé sous une ligne électrique.

« Il va falloir retourner à l'aéro-club », me dit M. Beynet tout souriant.

C'est la seule fois que je le vis sourire mais une complicité s'installa ensuite entre nous au-delà de mon immense respect pour lui, même encore maintenant. Nous voilà partis à travers champs à la recherche d'une cabine téléphonique, bien content d'avoir, comme me l'ordonnait ma maman à l'époque, pris mon K-Way (et oui, je suis Picard) et une pièce de cinq francs pour téléphoner... au cas où.

Mais bon en Provence, en 1985, il n'y avait pas beaucoup de cabines au beau milieu des champs.

Finalement nous approchâmes d'un mas où un monsieur nous accueillit.

« Bonjour, nous sommes en panne, pouvez-vous nous conduire à l'aérodrome ?

— Vous êtes sur le bord de la route, peuchère ?

— Non, au milieu du champ.

— Dites-moi, vous êtes en tracteur ?

— Non en... avion. »

Surréaliste, mais bon, l'heure du pastis était encore loin.

« J'veux bien, mais j'ai plus d'essence dans la voiture, y faut siphonner le tracteur. »

Voilà comment, j'appris à siphonner un réservoir afin de rentrer tranquillement à l'aéro-club où mon papa commençait à trouver la leçon un peu longue.

Tout ça pour une fuite du réservoir du Jodel.

Bref, je n'ai plus jamais de ma vie siphonné un réservoir, par contre une bouteille de pastis...

Le Jargon

La poussette :

Les pilotes et les hôtesses et stewards ne s'amusent pas pendant leurs escales à faire des courses de poussette.

« Faire la poussette » en enchante certains et déçoit les autres.

En effet, lorsque qu'un avion est en panne au départ de la base et qu'il ne rejoint pas l'escale, on attend l'avion du lendemain. Les plannings s'en trouvent décalés. On « pousse » les équipages de 24 heures en général et le temps sur place est rallongé. Sympa si l'on est aux Antilles mais stressant s'il faut jongler avec la nounou des enfants.

ZORRO

Après mon lâché à Vinon-sur-Verdon, je continuai à prendre des leçons à Compiègne de temps en temps, avec un instructeur surnommé Zorro. Il était adorable, pilote à **UTA** et sa présence dynamisait l'aéro-club. Je me retrouvai donc avec lui pour une « Nav », une navigation pour aller apprendre les rudiments de l'orientation et du voyage aérien.

Verticale Montdidier, aérodrome champêtre mais bougrement difficile à identifier, Zorro me dit : « Tiens, on va en profiter pour faire un exercice de panne ! » Moteur réduit, me voilà effectuant la célèbre « **PTU** », Prise de Terrain en U, pour venir me poser sur la piste en herbe.

« On repart ! » me lança Zorro.

Remise de gaz et là le moteur ne repartit pas, en tout cas seulement au ralenti...

Bon, là, je connaissais : robinet carburant vérifié ouvert, pompe sur « ON », réchauff' carbu sur « chaud », la seule différence, c'est que l'hélice ne s'immobilisait pas : le moteur crachotait toujours un peu... Un peu de nouveauté après 40 heures de vol !

Zorro hurla : « Putain la pompe de reprise ! Ça va l'faire ! »

Problème : je n'avais aucune idée de la fonctionnalité soudaine de ladite pompe.

« Pompe !!! »

Et c'est là, en appliquant alternativement plein gaz et plein réduit sur la manette des gaz, que le moteur hoqueta mais parvint à délivrer un semblant de puissance.

Nouvelle PTU et nous voilà posés à Montdidier.

Deuxième panne en dix heures, la faute cette fois-ci à un épi de luzerne qui était venu obturer le gicleur dans le carburateur.

Statistiquement, je ne devrais plus avoir un seul soubresaut de moteur jusqu'à ma retraite dans dix-sept ans… 12 990 heures de vol plus tard, tous mes moteurs vont bien !

LE SAVIEZ-VOUS ?

Le kérosène gèle à –47 °C.

Problème, nous volons aux alentours de –56 °C.

Solution : on refroidit l'huile des moteurs en réchauffant le carburant.

LE TOUR DE FRANCE

1988 : La compagnie AIR INTER était sponsor pour la deuxième année du tour de France aérien des jeunes pilotes.

Une fois mon brevet de pilote privé en poche (je n'avais toujours pas le permis voiture et ma maman était obligée de m'emmener à l'aéro-club de l'Oise pour que je puisse lui faire faire un tour d'avion dans la campagne picarde), je passai les sélections pour le tour de France.

Ambiance studieuse sur le terrain d'Albert dans la Somme.

Quelques semaines plus tard, une lettre m'annonça ma sélection : je porterais fièrement le numéro 28 sur mon fidèle DR400 pour l'édition 1988. Départ de Meaux, arrivée à Deauville, trois semaines plus tard, et quelque 35 heures de vol en passant par Biarritz, Fréjus et même Anvers en Belgique.

Imaginez un ado d'à peine dix-neuf ans à qui on confie un « zinc » pour parcourir le pays et faire de la pub pour la compagnie intérieure ! Quelle expérience et que de rencontres !

Les moyens étaient énormes : meeting aérien à chaque étape, dont plusieurs avec la Patrouille de France. Nous étions cinquante jeunes passionnés. Nombreux parmi nous sont maintenant pilotes ou commandants de bord dans des compagnies françaises ou internationales. J'ai eu le bonheur de revenir comme spectateur sur le tour et voir que la passion des jeunes pilotes est toujours intacte.

Cerise sur le gâteau, la marraine était Véronique Jannot, qui faisait la promotion de sa chanson *Aviateur*. Alors avoir la bise de Véronique lors de ma montée sur le podium et en plus avoir comme commandant, des années plus tard, le pilote de la Patrouille de France qui la faisait danser dans son clip, c'était magique !

LE SAVIEZ-VOUS ?

L'Airbus A330 fait 60 mètres d'envergure (la largeur de ses ailes). Pour vous donner une idée de ce que cela représente, l'Arc de Triomphe fait 50 mètres de haut tandis que Notre Dame en fait 69.

LA COCOTTE-MINUTE

J'accumulais les heures de vol sur mon monomoteur.

J'étais maintenant qualifié « Baptême de l'Air » et, à ce titre, j'eus l'insigne honneur de baptiser Miss Fête du Muguet de Compiègne 1989 : pas pratique le diadème pour fermer la verrière.

Je continuai mes études et réussis le concours *ab initio* d'une grande compagnie française. Le rêve devenait réalité : j'allais devenir pilote de ligne !

Je me retrouvai alors dans le nord de la France à La Motte-au-Bois, dans les faubourgs d'Hazebrouck, pour recevoir l'enseignement des **« certifs » théoriques** de l'examen pour devenir pilote de ligne. C'était encore l'époque où la France formait les pilotes africains et l'ambiance au château (l'école était dans un magnifique manoir avec douves et pont-levis) était surréaliste. Nous l'appelions tous l'institut « Ramolli de la Glande ».

Les compagnies avaient un besoin énorme de pilotes et nous étions une bande de joyeux potaches au milieu de fils de ministres d'Afrique subsaharienne. Je passai dix-huit mois inoubliables : tout ce que j'apprenais en cours me rapprochait du cockpit d'un avion de ligne.

La suite fut plutôt amère…

Les profs étaient des figures de l'aéronautique.

Comment oublier M. Tozzi qui m'apprit l'électricité grâce à sa démonstration unique de la « **Grosse Spire** ». Pilotant maintenant un avion tout électrique, j'ai encore tendance à dire quand un problème survient : « Ça doit être la grosse spire ! »

Mais surtout M. Duveau, surnommé Dubœuf, en aérodynamique. Triste et nonchalant, il était tout l'opposé de l'énoncé de sa matière. Sa particularité était de nous décrire les accidents aériens et d'annoncer à la fin de chaque démonstration le bilan humain de la catastrophe. Résultat :

nous comptabilisions à chaque séance le nombre de victimes afin de les comparer à la pause en offrant une bière à notre prof.

L'expérience la plus sanglante fut celle de la cocotte-minute : l'exemple était parfait. Quoi de plus pratique qu'un autocuiseur pour illustrer la compressibilité de l'air ? Après l'énoncé des formules immuables, Dubœuf partit dans une description d'explosions en chaîne et d'accidents ménagers en rapport avec la fameuse cocotte. Nos compteurs s'affolaient : Ténérife, la plus grande catastrophe de l'histoire de l'aviation commerciale, faisait figure de bagarre de cour de récré. Car il n'était plus question de cocottes, on était passés aux silos de blé, mélasses de sucreries et distilleries de houblon. On était dans Ch'Nord, quand même.

Un péplum !

Paradoxalement, Dubœuf nous donna les bases de notre métier. Il réussit à nous communiquer sa passion et je lui en suis très reconnaissant.

Encore aujourd'hui, je fais très attention à bien nettoyer la soupape et le joint de ma cocotte-minute, et à l'ouvrir sans mettre la tête au-dessus, après avoir bien vérifié que la vapeur était évacuée.

Cela serait ballot d'être dans les statistiques de Monsieur Dubœuf !

LE SAVIEZ-VOUS ?

Un vol Paris-New York en A330 représente une consommation de 42 tonnes de fuel soit 52 830 litres. Je n'ai pas osé compter en briquets…

LE POLAK

Dans chaque promo, il y avait une mascotte. Le type à qui il ne pouvait rien arriver. Pour moi, c'était le Polak.

Le Minitel rose battait son plein à l'époque : imaginez douze gusses de vingt ans perdus au milieu de ce qu'on appelle aujourd'hui les Hauts-de-France. On a tous joué au Minitel, mais les notes de téléphone devenaient vite astronomiques, sauf pour le Polak. J'avais la chambre mitoyenne à la sienne : impossible de fermer l'œil tant il frappait sur les touches avec frénésie.

C'était aussi le début du parapente !

Un jour le Polak arriva en retard à l'institut.

« Je me suis acheté un parapente ce week-end. L'ai essayé, mais comme il y avait beaucoup de vent à Reims (il était de là-bas) j'ai pris la précaution d'attacher mon harnais à un piquet.

— Et, alors ?

— Ben, rien, j'ai décollé mais impossible de redescendre.

— Ben, qu'est-ce que tu as fait ?

— Ben, rien, j'ai attendu que le vent tombe, c'est pour ça que je suis à la bourre. »

Logique !

Passés les examens théoriques, nous quittâmes à regret le Nord de la France pour l'extrémité sud du pays : Muret, dans la banlieue de Toulouse, pour les premiers vols. Andorre n'était pas loin et c'était la destination du week-end pour s'offrir le dernier autoradio à la mode. Voici donc parti notre Polak au Pas-de-la-Case pour rapporter son jouet dernier cri et quelques bouteilles de pastis aussi… Il tomba en panne d'essence au poste frontière (eh oui, l'espace Schengen n'existait pas encore) et demanda gentiment au douanier de le pousser du coté andorran pour faire le plein. Arrivé de l'autre côté, il s'aperçut que sa carte bleue n'était que nationale et là, on était à l'étranger.

Le pompiste andorran le poussa donc et il passa en roue libre devant le douanier sus-cité. Il dévala la route jusqu'à l'Hospitalet, prit du cash, fit le plein (enfin le minimum) et repartit dans l'autre sens. Le seul problème, c'est qu'en faisant le plein de super, le pompiste refusa de lui rendre la monnaie, il acheta alors entre cinq et sept kilos de graines de tournesol !

« Vous verrez les mecs, c'est pour l'apéro ! »

Nous restâmes un an à Muret, un an d'apéro aux graines de tournesol...

Nous apprenions à voler mais aussi la **phraséologie radio.** En « nav » sur Carcassonne, la contrôleuse de Toulouse lui donna l'ordre suivant :

« Fox Papa Echo, autorisé à monter au niveau de vol 55, rappelez atteignant. »

Sous-entendu, « **rappelez en atteignant le niveau de vol** ».

Le Polak prit alors sa carte, nous étions en **vol à vue,** et se lança dans des calculs et recherche de repères visuels.

Ceci laissa son instructeur dubitatif :

« Qu'est-ce que tu fous ?

– Ben, rien, je cherche Teignant.

– Comment ça, tu cherches Teignant ?

– Ben, oui, c'est ce que la contrôleuse a dit. Il doit y avoir un bled qui s'appelle Teignant à l'entrée de la zone de l'aéroport de Carcassonne !

Cette anecdote lui est régulièrement rappelée, lui qui fit une longue carrière comme copilote sur Airbus A380 et qui est maintenant commandant de bord sur A330.

Mais je suis persuadé qu'il regarde toujours du côté de Carcassonne lorsqu'il part vers l'Afrique.

LE SAVIEZ-VOUS ?

La masse maximale à l'atterrissage de l'Airbus A330 est de 182 tonnes. Pour donner un ordre de grandeur, c'est le poids de la colonne de Juillet érigée place de la Bastille à Paris.

LA FIN DU RÊVE

1991, la première guerre du Golfe venait d'éclater.

Nous suivions les premières actualités en « live ». Déjà les rumeurs d'un ralentissement économique étaient évoquées. Si l'économie va mal, alors l'industrie la plus rapidement touchée est l'aviation commerciale.

Nous devions quitter Muret et ses monomoteurs pour rejoindre ensuite le centre de Montpellier afin de suivre la phase « bimoteurs » de notre formation. Sauf qu'un télégramme laconique nous annonça la fin de notre formation et nous enjoignit à retourner à une vie d'étudiants plus classique.

Ce fut un coup de massue en plus d'un coup du sort. Mon rêve se brisait et mes ailes disparaissaient. Vingt-cinq ans plus tard, il y a toujours un goût amer...

Cependant, nous allions tous passer l'année suivante sous les drapeaux et là aussi les péripéties m'attendaient.

LE SAVIEZ-VOUS ?

La capacité des réservoirs de l'Airbus A330 est de 139 000 litres, de quoi faire le plein de 2 780 voitures... Vous imaginez la queue à la pompe ?

Le Jargon

Rex :

Non, ce n'est pas le nom du chien du chef-pilote.

Le milieu aéronautique est friand d'abréviations. Comme les avions volent vite, il faut donc raccourcir les mots, enfin c'est la seule explication que j'ai trouvée.

REX, c'est simplement le mot utilisé pour signifier un Retour d'EXpérience.

On n'apprend jamais mieux que par nos erreurs. Dire aux autres ce qui nous est arrivé permet d'augmenter notre expérience et, par là même, la sécurité des vols.

SERVICE MILITAIRE

Rien de plus normal que de faire son service...

Nous devions en être exemptés au regard de la demande accrue de pilotes. Mais la guerre du Golfe nous envoya au régiment.

J'avais en poche mon brevet de pilote professionnel et pas mal d'heures de vol de **remorquage** de planeurs. J'avais remorqué à Orléans et à La Montagne Noire, un des lieux mythiques du vol à voile en France. J'avais également mon brevet de planeur. Je me retrouvai, de ce fait, affecté à la Section Air Vol à Voile de la Base Aérienne 721 de Rochefort. J'étais maintenant un aviateur dans l'armée de l'Air.

À vingt-deux ans, on m'avait confié un Jodel D140 « Abeille », on m'avait habillé d'une combinaison de vol vert foncé, et demandé de voler tous les jours de la semaine !

La S.A.V.V. (Section Air Vol à Voile) était dirigée par l'adjudant-chef « Fifi » et son second, l'adjudant « Mimi », un mécanicien, lui aussi militaire de carrière, qui complétait l'encadrement. Nous étions quatre appelés, deux remorqueurs et deux instructeurs pour faire voler les élèves sous-officiers de la base.

Après une période d'observation, Fifi nous fit rapidement confiance, même s'il gardait ses distances en nous faisant régulièrement comprendre qu'il était le chef.

Nous avions deux Abeilles, la Golf Uniform et la Golf Charly. Je remorquais avec « Mumu », un garçon de Brive-la-Gaillarde, qui avait la particularité, tous les jeudis, d'apprendre quasiment par cœur le journal *Midi Olympique*. Mumu avait jeté son dévolu sur la Golf Charly. Cela m'arrangeait bien, car étant fils du président de la Fédération de Voltige, il avait tendance à faire faire des tonneaux à son Abeille pour passer le temps, et voler très bas avec son câble pour lire les panneaux quand il était perdu. Le problème, c'est que l'Abeille n'était pas censée faire de tonneaux, ni de barriques d'ailleurs. La Golf U fut donc mon destrier pour cette année.

Rochefort était au bord de l'Atlantique. Le but d'un planeur était d'utiliser les courants d'air ascendants dits **thermiques**, ou « **pompes** » en jargon, pour rester en l'air. Proche de la mer, le phénomène de brise de terre et de brise de mer était particulièrement visible. La bonne nouvelle pour Mumu et moi, c'était qu'à partir de quatre ou cinq heures de l'après-midi, la brise de mer s'établissait. Les thermiques disparaissaient et les planeurs revenaient se poser.

Le rêve pour un remorqueur : l'absence de pompes !

Fifi était très strict sur la hauteur des remorqués. Pour monter les copains un peu plus haut, il fallait trouver des stratagèmes guerriers. Se placer devant le soleil, brouiller les messages radios, intervertir les indicatifs, c'était notre bataille, quoi ! Fifi reste la seule personne que je connaisse capable de déterminer la hauteur d'un avion ou d'un nuage à dix mètres près.

Je remorquais les copains au-dessus de Fort Boyard à des altitudes non mentionnables, même vingt-cinq ans plus tard. Mais bon, un Bijave en bois et toile avec une finesse de fer à repasser, faut bien le lâcher haut pour qu'il rentre à la base sans vent et sans pompes !

Un jour, je confondis le bob d'un élève sous-off avec celui du lieutenant-colonel, second de la base, et fis un superbe remorqué à plus de 2 000 mètres d'altitude dans le soleil couchant de Charente... J'eus ensuite le droit d'être invité au mess des officiers.

J'étais aussi employé à diverses missions sur la base avec ma fidèle Golf U :

– Faire l'estafette vers l'aéroport de Poitiers pour des papiers secret défense (la licence de vol du Général).

– Mission photos, lors de manœuvres générales. Je n'ai toujours pas compris pourquoi on m'avait donné un casque alors que les haut-parleurs nous demandaient de mettre notre masque à gaz...

– Mission parachutes vers la base des pilotes de chasse de Cognac. Celle-ci m'a valu d'être pratiquement mis aux arrêts par le capitaine de semaine.

Je volais en vol à vue, mais **sous régime de vol militaire,** avec mon Abeille à l'**avionique moderne** : un compas et une **radio VHF**. À chaque sortie, un ordre de mission était émis. Je devais faire le plein avec le fameux Bon Modèle 19 (je crois que c'est celui qui est encore utilisé).

Mission Cognac :

Bref, me voici aux opérations de Cognac, remplissant consciencieusement mon **plan de vol** et le fameux BM19.

« Eh, vous ! Qu'est-ce que c'est que ces godasses ? » On avait la combinaison de vol, mais pas les bottines, mes baskets personnelles faisant très bien l'affaire sur la piste en herbe de Rochefort.

« Et où est votre grade et insigne de poitrine ? » Là, j'y étais pour rien. J'étais aviateur donc sans grade et sans insigne.

« Ben, je suis en mission, mon capitaine.

— En mission ? Et quelle mission ? » Cognac est une des premières étapes de la formation des pilotes de chasse et la discipline est très stricte.

« Ben, en mission parachutes. »

Je devais passer la journée en attendant la révision des parachutes de nos stagiaires et l'atelier était justement ici.

« Vous ne me prendriez pas pour un con ? éructa le capitaine.

— Ben, non. Mais faut quand même que je me dépêche car avec la brise de mer, tout le monde va tomber à Rochefort et il manquera un remorqueur...

— Vous allez commencer par me faire quatre jours et on verra bien si quelqu'un va tomber ! »

Heureusement pour moi, le sergent arriva sur ces entrefaites avec la douzaine de parachutes révisés.

Je ne fis pas mes quatre jours et faufilai mon Abeille au milieu des **Epsilons et Alphajets**, bien content de traverser la Charente.

Mission Jura :

Fifi débarqua un beau matin : « Olivier, tu pars avec Mimi chercher un planeur, un Marianne (le summum français de l'époque) à... Ambérieu. »

Premier problème : il fallait traverser la France d'ouest en est avec un avion dont le compas était faux de 30 degrés (normal, on montait et on descendait en faisant des virages entre 50 et 70 fois par jour) et une radio VHF équipée des fréquences militaires.

Second problème : il fallait faire la même chose dans l'autre sens avec un planeur attaché derrière. Tirer un planeur en montée, pas de problème. En palier, c'était une autre paire de manche, le planeur n'avait qu'une envie : vous doubler.

Nous voilà donc partis avec Mimi et la Golf Uniform. Je découvris que Mimi avait un problème avec la navigation, et ensuite qu'une perturbation traînait encore sur l'Auvergne. Impossible de passer. Je décidai de me poser à Montluçon en attendant une amélioration. Ce qui décalait notre retour prévu dans la même journée.

Nous arrivâmes finalement à Ambérieu, accueillis par les responsables de la S.A.V.V. locale. Impossible de repartir dans l'autre sens car : la nuit allait tomber et le Marianne n'était pas disponible.

« Comment on va faire ? dit Mimi. Il est aviateur ! Où va-t-il dormir ? Il ne peut pas aller dans les chambres de sous-officiers. »

J'avoue que la perspective de dormir dans la Golf U après cette longue Nav ne m'enchantait guère.

Finalement, je dormis chez les sous-offs et on rentra sans Marianne mais avec Mimi qui n'a jamais retrouvé le terrain de Montluçon.

Je passai une année formidable !

Mes copains de régiment ont tous fait carrière comme pilotes et nous échangeons encore au détour d'une escale nos souvenirs de Fifi et Mimi.

À la fin de l'armée, j'avais accumulé suffisamment de jours de permission pour faire les évaluations et le stage de formation d'instructeur, la compagnie aérienne française ne donnant plus de nouvelles pour la reprise de la formation.

LE SAVIEZ-VOUS ?

Nous sommes équipés d'un modèle
d'essuie-glace qui n'a pas évolué depuis la 4L
(pour ceux qui l'ont connue),
mais on peut les utiliser jusqu'à 425 km/h...
Imaginez une 4L à cette vitesse...

LE RACCOURCI

Grâce à l'accumulation de mes jours de permissions, j'étais disponible pour suivre les cinq semaines de stage « Instructeur Pilote Privé » dans le centre de Grenoble, sur l'aéroport de Saint-Geoirs. Un stage studieux où les rudiments de la pédagogie nous furent enseignés ainsi que la méthode d'apprentissage à délivrer à nos futurs stagiaires.

Une fois la précieuse mention « Instructeur » apposée sur ma licence de vol, je me retrouvai sur le terrain de Montdidier pour enseigner. J'ai une pensée particulière pour cet aéro-club mené à l'époque par une famille d'horlogers tous aussi adorables que passionnés. De plus, ils m'accordèrent leur confiance alors que les temps étaient difficiles : nombre de stagiaires pilotes se retrouvaient le bec dans l'eau après l'arrêt des formations. Et nous galérions tous pour pouvoir voler.

Je me retrouvai sur un fameux Jodel D112 pour faire des tours de piste au milieu de la campagne picarde. Une bien belle ambiance !

Un de mes stagiaires, Robert, s'offrait le rêve de sa vie en apprenant à piloter. Toujours avec le sourire, un rien gouailleur, il avait beaucoup de bon sens et les leçons avançaient bon train.

Un jour, je le briefai sur « l'intégration standard » ou l'art de s'insérer dans le circuit de piste d'un terrain en venant d'une autre destination. Il fallait – à l'époque, car j'ai appris que la méthode avait évolué – **passer verticale** le terrain pour voir la **manche à air** (la biroute dans notre jargon), déterminer le sens d'atterrissage, s'éloigner à 45 degrés, faire demi-tour et intégrer le « **vent arrière** » (branche « vent dans le dos ») du tour de piste et finir par l'étape de base et enfin la finale pour venir se poser.

Je décrivis tout ça à Robert avec un beau schéma (un dessin vaut mieux que des mots).

« Ok, j'ai tout pigé », m'assura Robert.

Nous voilà partis à bord du 112. Le D112 était un petit monomoteur biplace, petit par l'envergure mais aussi par la taille de l'habitacle. Alors imaginez avec un grand gaillard comme Robert à côté, j'étais un peu coincé, le tout sans casque radio pour se parler, il fallait plus communiquer par gestes et onomatopées. Je finis ma leçon par la fameuse « intégration ».

« Ok Bob (il aimait bien que je le surnomme ainsi car ça faisait « américain »). Tu vois le terrain là-bas (un champ vert au milieu des champs de betteraves... verts) ? Tu vas t'intégrer dans le tour de piste ! » hurlai-je.

– Ouais, ouais !

– Comment tu vas faire ?

– Ben, par là, tout droit puis je tourne, je reviens, je retourne de l'autre côté et c'est bon ? !

– Robert (je l'appelais par son prénom quand j'avais une remarque à faire), le plus court chemin entre deux points, c'est quoi ? »

J'ai toujours la vision de Bob se retournant vers moi, son visage à quinze centimètres du mien, avec le regard incrédule de quelqu'un à qui on pose une question évidente et saugrenue.

« Ben, c'est... un RACCOURCI ! »

Évidemment, que pouvais-je répondre ? Je restai donc coi.

« Ok, Bob, va tout droit ! »

LE SAVIEZ-VOUS ?

Lors d'un virage,
ce n'est pas parce que le nez passe,
que l'aile passe... Sur un Airbus A330,
le rayon de virage de l'aile est plus grand que
le rayon de virage du nez de l'avion.
Il fait 12 mètres de plus.

Le Jargon

Le laitier :

Vous souvenez-vous du petit camion qui distribuait les bouteilles de lait en faisant du porte à porte ?

Nous faisons souvent le laitier en Afrique. Nous enchaînons les tronçons en débarquant et embarquant nos clients à chaque escale. Les rotations les plus connues sont : Paris-Nouakchott-Conakry ou Paris-Douala-Malabo ou Paris-Niamey-Ouagadougou.

LA FORÊT DE SHERWOOD

Je continuai à faire de l'instruction à Montdidier puis à Soissons.

Grâce à Éric, un de mes partenaires du Tour de France, je réussis à intégrer une école de pilotage à Pontoise. Du champ d'aviation, je passai à la piste en dur et à la tour de contrôle. Beaucoup de stagiaires m'ont marqué, certains sont devenus pilotes de ligne, c'est une grande fierté d'avoir pu contribuer à leur réussite.

Je passai beaucoup de temps avec Patrick. Originaire de Guadeloupe, il avait investi beaucoup de temps et d'argent dans sa formation en métropole. Je le formai de son premier vol jusqu'à son brevet de pilote professionnel.

C'était un gars formidable, gentil, précautionneux et très respectueux. Peut-être un peu trop : « Tu es mon instructeur, tu as toujours raison ! » J'essayais de lui enseigner le libre arbitre et en plus du savoir-faire, le savoir être.

« J'ai pas toujours raison ! Et, toi, tu fais quoi dans cette situation ? »

Un jour, Patrick me décrivit son parcours de notre navigation. Nous apprenions les rudiments du « cap et de la montre ». De Pontoise nous survolions Évreux en route vers Rouen.

« Alors là, j'ai pris ce repère au sol là après 22 minutes de vol, puis on survole cette forêt... C'est la forêt de... Attends je n'arrive pas à lire sur la carte car le nom est sur la pliure, tu peux me dire, tu le sais puisque tu es instructeur. »

Perdu dans mes pensées, je répondis évasivement : « Sherwood. »

« D'accord, après la forêt de Sherwood, on arrivera sur Rouen et je les appellerai sur la fréquence... »

C'est comme ça que naquit la légende de la célèbre forêt de Sherwood de Patrick des Bois !

LE SAVIEZ-VOUS ?

Voler en Afrique revient à passer de –56 °C à plus de 40 °C à l'ombre en une demi-heure, le temps de la descente. Un petit chaud-froid, ou plutôt l'inverse.

LE KÉBAB

Ma plus belle expérience de vol en avion monomoteur reste un voyage avec deux élèves de Pontoise à Agadir.

J'étais maintenant instructeur « pilote professionnel » et il fallait que mes deux stagiaires engrangent de l'expérience. Nous étions donc partis sur les traces de l'Aéropostale. C'était une ligne mythique que tous les pilotes rêvaient de faire au moins une fois dans leur vie : Toulouse-Saint-Louis du Sénégal.

Faute d'autorisations de survol – le front Polisario est encore très actif – notre périple s'arrêta à Agadir.

Mais quelle expérience ! Pontoise-Toulouse, puis Perpignan et toute la côte espagnole jusqu'à Gibraltar. Ensuite, le grand saut : l'Afrique !

Les paysages étaient fabuleux, surtout entre 1 000 et 2 500 pieds. Les rencontres riches et sincères. L'entraide aussi : les pilotes du vol charter en Boeing qui vous filaient leur dossier météo, le baroudeur allemand en route vers les Canaries qui vous indiquait les points de navigation...

Arrivé à Agadir, nous avons été obligés de faire demi-tour car nous n'avions pas de permission et mes stagiaires étaient fauchés !

Cap au Nord. Retour par Meknès et Tanger. Là, nous fîmes un plein de carburant (le pétrole était hors taxe) et dépôt du plan de vol vers... Biarritz.

Le trajet était culotté : trois passagers dans le Mooney plein à ras bord, nous partions pour cinq heures de vol en direct, en traversant l'Espagne tout en évitant la zone de Madrid et son aéroport international, le tout en vol à vue.

Tout se passa bien jusqu'au travers de Madrid. Là, le dernier kébab de l'élève en place pilote se manifesta. Heureusement, le Mooney est équipé d'une fenêtre « mauvais temps ». Je ne m'en étais jamais servi dans le mauvais temps mais seulement lors de ce vol en pleine tempête de ciel bleu.

Imaginez faire passer un sac vomitoire, rempli, par une ouverture de 12 par 15 centimètres, à 120 nœuds, soit 220 km/h au niveau de vol 105, soit 10 500 pieds ou 3 000 mètres. Le tout dans un espace confiné de 1,5 m^3 à trois personnes, les deux autres se disant qu'elles ont aussi mangé le même kébab. Le premier sac de déchira, explosa, à sa sortie à l'air libre. Je réduisis la vitesse pour diminuer la résistance à l'air : même résultat. Finalement, en faisant voler le Mooney en dérapage grâce aux **palonniers**, j'arrivai à ce que les sacs « vovo » sortent sans dommage.

J'avoue n'avoir jamais pensé à ce qu'il adviendrait des sacs pleins à leur atterrissage...

Résultat, une magnifique trainée de vomi ornait maintenant le flanc gauche de mon magnifique et racé Mooney.

La descente vers Biarritz ne fut pas de tout repos : des « entrées maritimes » (nuages bas apportés par la fameuse brise de mer) réduisaient la visibilité et le plafond du Pays Basque.

Après un cheminement précis, nous atterrîmes enfin en France.

Là une surprise nous attendait ! En effet, trois jeunes en avion léger qui arrivaient comme une fleur du Maroc, et mal rasés en plus !

L'accueil des Douanes françaises fut cordial mais... viril. Surtout quand Hasch, l'adorable labrador, renifla le flanc gauche de notre avion : une traînée de 3 mètres de kébab séché !

On nous interrogea, fouilla, démonta toutes les trappes du Mooney, sans résultat.

Après une bonne nuit de sommeil, nous repartîmes vers Pontoise.

Un des douaniers de la veille nous attendait : « On n'y est pour rien, c'est Hasch. Il est encore très jeune et il n'a pas fini son apprentissage, mais grâce à vous, il a bien progressé. »

Depuis, je ne mange plus de kébab avant de prendre l'avion.

LE SAVIEZ-VOUS ?

La masse maximale de l'Airbus A330
est de 232 tonnes au décollage.
Soit 38 éléphants.

AVIATION D'AFFAIRE

L'école de pilotage pour laquelle je travaillais avait une branche « Aviation d'affaire ». Nous transportions à la demande toute sorte de **fret** urgent et autres hommes d'affaires.

Nous étions régulièrement appelés par la centrale logistique d'un grand groupe automobile. La position de l'aéroport de Pontoise permettait aux camionnettes d'éviter une grande partie des embouteillages parisiens. J'instruisais le jour et je faisais le copilote la nuit, en quelque sorte.

Nous volions sur Beechcraft 90 et 200, bimoteurs à hélices entre quatre et dix sièges, qui permettaient le **vol aux instruments**.

Pour le fret, les sièges étaient retirés et nous étions obligés de ramper sur les cartons pour atteindre le poste de pilotage, les mécanos comblant l'espace vide ensuite...

Ma première mission fut un vol pour Londonderry en Irlande du Nord, où la situation politique était à ce moment là encore tendue.

Les missions sur Coventry en Angleterre

Coventry, près de Rugby, a la particularité d'être situé en plein milieu de la campagne anglaise. Bien desservi par le réseau autoroutier, c'est un centre de fret majeur pour le Royaume Uni. Ça, je ne l'ai su que par la suite.

Je volais avec Éric, mon acolyte du Tour de France, en commandant. La première fois, nous nous posâmes en plein milieu d'après-midi, heureux de s'être fait comprendre avec notre anglais hésitant. La plate-forme était complétement déserte, pas âme qui vive. Heureusement, un manutentionnaire passait par là et nous l'appelâmes par la désormais connue « fenêtre mauvais temps », pour qu'il ouvre la porte de l'avion, située à l'arrière, et dégage suffisamment de cartons pour que nous puissions descendre. Il fallait ensuite trouver dans cet aéroport fantôme, vestige de la bataille d'Angleterre, un chariot pour nos cartons.

Le soir même, nouvelle mission. Le portable n'existant pas à cette époque reculée, 1994, nous étions équipés de « beepers » et il fallait alors trouver une cabine téléphonique pour appeler notre patron. C'était une figure de **l'aviation charter** : il aurait vendu une télé à un aveugle et une chaîne hi-fi à un sourd.

« Les gars, vous repartez à Coventry ! »

Nous n'étions pas tellement enclins à repartir : c'était la galère pour trouver le bureau de piste, demander le dossier météo et poser le plan de vol aux instruments. En plus, il se faisait tard.

Décollage et cap au nord. Approchant de Londres, le contrôleur anglais nous fit changer de cap : 5 degrés, puis de nouveau 5 degrés, et encore, et encore. Au bout de plusieurs messages, il finit par nous dire, avec un flegme so *british* : « Je pense que vous êtes en **panne de centrale de cap.** Pas de problème, je vais vous guider, mais pour cela, maintenez bien votre altitude car je vais faire passer le Concorde 600 mètres sous vous. »

J'ai donc pu admirer le bel oiseau blanc sur fond lumineux de Londres qui filait à bonne allure. Inoubliable !

Atterrissage à Coventry. Là, le choc : l'aéroport fantôme était transformé en un centre grouillant d'avions de fret de toutes tailles avec un flux de camions incessant. Même le bar, désert cinq heures plus tôt, avait des airs de base de la Royal Air Force au plus fort de la Seconde Guerre mondiale. Des pilotes partout, de toutes nationalités, chacun avec une tasse de thé au lait.

Réparation de fortune de notre compas et hop, de retour à Pontoise au petit matin.

Nos missions s'arrêtèrent de façon brutale : au lieu de héler le pistard de passage pour ouvrir notre porte, ce furent deux voitures de police qui encadrèrent notre Beechcraft, avec un officier nous présentant une copie d'une décision de justice : l'avion était saisi, notre patron n'avait pas payé les taxes d'atterrissage !

Conciliabules, négociations, nous payâmes. Euh non, Éric paya.

Nous n'entendîmes plus jamais parler de Coventry.

Les vols vers Valladolid, Ljubljana et Sochaux

J'étais devenu le spécialiste des villes d'usines automobiles et des cartons de durites, faisceaux électriques et autres filtres à air.

Nous partîmes pour Porto à vide. Notre patron réussit, par je ne sais quel miracle, à nous faire dire par le contrôle de Bordeaux d'aller nous poser à Biarritz. Là, nous embarquâmes une caisse de câbles pour Bruxelles (Vilvorde). Arrivés là-bas, notre patron nous fit dire qu'il fallait poursuivre jusqu'à Kassel en Allemagne pour récupérer des amortisseurs. La caisse ne passait cependant pas par la porte. Il nous fallut démonter la cloison des toilettes chimiques, vider les amortisseurs, désassembler la caisse, remonter la caisse dans l'avion, s'occuper des amortisseurs.

On était prêts !

En milieu de croisière, notre attention fut attirée par des flashs. Bizarre... Aucun orage n'était prévu... En me retournant, je m'aperçus que les éclairs étaient en fait des flammèches : nous avions écrasé la prise des toilettes en remontant la caisse.

Finalement, après une décharge d'extincteur, tout rentra dans l'ordre. Plus de flammes, ni d'orages d'ailleurs. Nous étions bons pour vider, démonter, remonter et remplir la caisse après notre atterrissage.

On n'a jamais remonté la prise des toilettes par contre...

LE SAVIEZ-VOUS ?

L'A330 consomme, *grosso modo*,
6 tonnes de kérosène par heure.

Soit 4 800 litres par heure.

À 850 km/h, cela revient à consommer
aux alentours de 5,6 l au 100 km.

Pas mal pour un autobus
de plus de 210 sièges !

LA LÉGENDE DU ROCK

Notre **indicatif radio** était à l'époque « Pontoise Air ». Assez parlant lorsque nous partions en mission dans l'Hexagone mais plutôt déroutant dès que nous franchissions les frontières. Déjà qu'en Espagne le célèbre « Rogeuuur » se prononce « Royyyyeuuur », je vous laisse imaginer l'orthographe phonétique de Pontoise.

Notre patron avait décroché le contrat du siècle.

« Vous allez voir, les gars, on va faire dans le showbiz ! »

Nous partîmes alors pour une période intense de vols aux aléas et rebondissements divers. Mais quelle expérience !

Première mission : mise en place à vide vers La Mole.

La Mole était le terrain d'aviation de Saint-Tropez : pas de tour de contrôle, pas d'approche aux instruments, pas de balisage de nuit et une procédure d'approche spécifique demandant une autorisation de la DGAC (Direction générale de l'Aviation civile).

En gros, vous effectuiez l'approche vers Nice et s'il faisait beau et que vous arriviez à identifier la bonne vallée, vous vous engagiez en laissant la colline du bon côté, car on n'était jamais sûr qu'il n'y ait pas un avion en face.

Un bichon tout blanc se précipita alors vers l'avion, notre surprise fut grande à la découverte de notre passager VIP : Johnny Hallyday !

Notre patron avait négocié le transport de la tournée de notre icône nationale ! Il s'ensuivit un tour de France, Belgique et Suisse effréné. Le concept était le suivant : nous arrivions en début d'après-midi pour le réglage de la salle de concert, puis départ après la représentation vers une heure du matin pour la ville suivante et ainsi de suite. À chaque fois, il fallait organiser l'escale, négocier les plateaux repas, l'extension de l'ouverture de la tour de contrôle à des horaires tardifs, déposer les plans de vol et obtenir les autorisations pour les villes où les aéroports étaient militaires ou d'utilisation restreinte.

Le Touquet, Dôle, Macon, Bergerac, les étapes s'enchaînèrent avec de temps en temps un détour par Cannes lorsque le terrain de Saint-Tropez n'était pas accessible.

À Castres, il fallut négocier d'arrache-pied pour garder la tour de contrôle ouverte. Nous avions l'autorisation de décoller jusqu'à une heure du matin. À deux heures et demie, toujours pas de limousine. En plus, il fallait aller à Brive où le contrôleur s'impatientait lui aussi.

À Strasbourg, j'avais négocié avec la chambre de commerce pour pouvoir aller avec la limousine jusqu'à notre avion. Chose que vous voyez régulièrement dans les feuilletons américains, mais totalement impossible sur le territoire national. Il fallut passer par la Gendarmerie des transports aériens. C'est ainsi que je me retrouvai sur la banquette arrière d'une estafette bleue, tous gyrophares clignotants, écrasant au passage le képi de l'adjudant en m'y asseyant.

C'est pour le moment la seule est unique fois où j'ai été pris en stop par la maréchaussée.

Les pompiers alsaciens ayant eu vent de l'identité de notre passager, notre avion reçut la visite des camions de l'aéroport. Le meilleur départ de ma carrière : des estafettes bleues, des camions rouges dans un patchwork de clignotants alors que nous nous enfoncions dans la nuit noire (c'est noir !).

Agen-Toulouse : en descente vers Blagnac, Johnny nous dit qu'il avait oublié sa veste de concert au départ. On se posa, demi-tour. Nous voilà repartis vers le pays des pruneaux, mais allez négocier avec les secrétaires de l'aéroport pour qu'elles rendent la veste de leur idole ! Elles étaient jeunes !

Toulouse de nouveau : on arriva très tard dans la nuit et la production voulait repartir au petit matin vers Le Bourget. On avait négocié le camion de kérosène à notre arrivée. Le pompiste, voyant débarquer Johnny, l'alpagua : « Eh vous, vous êtes un vrai fan ! Même coupe de cheveux et même style, c'est classe ! » Allez expliquer alors que c'était le vrai Johnny, le vrai de vrai et que le malheureux avait laissé passer une occasion unique de parler avec la star. Je ne me souviens plus si on avait payé le plein ce soir-là…

Mont de Marsan : étape compliquée voire impossible

La base militaire abritait l'escadron de Mirage IV qui pouvait larguer la bombe nucléaire. L'espace aérien était impénétrable : une zone interdite était publiée sur les cartes aéronautiques et quiconque s'en approchait pouvait se voir intercepté par l'armée de l'Air. Imaginez l'avion de Johnny capturé par un Mirage. Compliqué donc d'obtenir les autorisations. J'avoue ne plus me rappeler l'ensemble des démarches auprès de l'état-major, des ministères, mais ce dont je me souviens, c'est le fax à l'entête du Palais de l'Élysée, dans lequel le chef de cabinet de Jacques Chirac autorisait l'avion Beech 200 à se poser sur la base aérienne.

En approche, la contrôleuse de Bordeaux nous demanda de confirmer notre destination (Mont de Marsan) :

« Vous êtes un vol ministériel, Pontoise Air ?

— Euh, non.

— Une évacuation sanitaire, alors ?

— Non plus.

— Vous avez bien une autorisation ?

— Ah, ça oui !

— Mais qu'allez-vous faire là-bas en vol civil ?

— On va faire un concert ! »

L'accueil fut irréel : les militaires s'étaient mobilisés pour notre arrivée, mettant les petits plats dans les grands. Les avions étaient tous alignés sur le parking, il ne manquait plus que la fanfare. Avec Éric, mon commandant, nous fûmes pris en charge par le capitaine de semaine, nous qui n'avions pas dépassé le stade d'aviateur, pour une visite de l'escadron et un rendez-vous avec les pilotes de chasse.

Beau et inoubliable moment de confrérie d'aviateurs.

L'aviation d'affaires est une superbe école pour nous, pilotes. Les conditions du métier sont difficiles, la vie de famille inexistante, les rapports avec les clients formidables ou... exécrables, mais vous apprenez l'essentiel des qualités d'un bon pilote : l'adaptabilité, l'humilité et la résilience.

Le tout avec une dose de rock 'n' roll !

Le Jargon

Les trois vertes :

Non, ce n'est pas le nom de l'auberge bien connue pour ses petits plats mijotés. « Ya bien les trois vertes ? » est l'expression consacrée pour s'assurer que le train d'atterrissage est bien sorti. Trois voyants verts symbolisent la position des trains. Il y a autant de voyants que de trains, mais un train peut être composé de plusieurs roues.

CAPTAIN CHEW

Les années suivant la première guerre du Golfe furent catastrophiques pour l'industrie du transport aérien et plus particulièrement pour les jeunes pilotes, recrutés en masse, qui se retrouvaient alors sans débouchés. Les places étaient limitées et la bataille rude. J'envoyais régulièrement des CV mais il me manquait alors une qualification sur un avion de taille commerciale.

La vie est faite de hasards, de rencontres et d'opportunités. La seule difficulté est de les saisir.

La réglementation avait changé et je possédais alors une licence me permettant de travailler en équipage sans pour autant repasser de nouveaux tests.

Un jeudi, le téléphone sonna.

« Bonjour, je suis le chef pilote d'**ATR** Training Center et votre profil nous intéresse. Nous avons vendu un avion à une compagnie birmane. Un équipage était prévu, mais il manque un copilote. Ça vous tente ?

— Euh... oui.

— Bien, cela a commencé lundi, on est jeudi. Vous avez trois jours de retard ! Vous pouvez être à Toulouse quand ?

— J'arrive... »

Voilà comment je me retrouvai en qualification machine sur l'ATR 42, avion de transport régional de cinquante sièges.

Arrivé à Toulouse, on me présenta mon commandant de bord, le Captain Chew de Singapour avec qui j'allais apprendre le maniement de l'avion pendant les quatre semaines suivantes. Le Captain Chew était le futur chef pilote de cette compagnie basée à Mandalay, à 400 kilomètres au nord de Rangoon en Birmanie.

C'était la mondialisation avant l'heure : un commandant singapourien, un copilote français, un instructeur italien, un testeur néerlandais, le tout au pays du cassoulet ! Pas évident de faire goûter de la saucisse de Toulouse à un Singapourien…

Les cours étaient denses. La bonne nouvelle était que le Captain Chew voulait m'embaucher à Mandalay pour 3 000 dollars !

Malheureusement, l'avion n'a pas été vendu et le Captain Chew est reparti. Moi aussi, mais sans mes 3 000 dollars.

LE SAVIEZ-VOUS ?

Les pilotes d'Airbus A330 sont assis à une hauteur de plus de 5 mètres, l'équivalent du deuxième étage d'un immeuble.

UN TÉLÉPHONE PAS COMME LES AUTRES

La qualification ATR en poche, ma valeur sur le marché du travail fit un bond stratosphérique ! Mon CV fut rapidement retenu par une compagnie régionale basée à Montpellier.

L'ATR était un avion magnifique, l'avion parfait pour les lignes transversales entre régions.

Air Littoral était une entreprise avec une ambiance extraordinaire !

Mon passage y fut rapide, la conjoncture économique s'inversa rapidement et je fus appelé pour rejoindre ensuite la grande compagnie nationale. C'est là que, pour la première fois, je pilotai un avion avec... une hôtesse de l'air ! Je me souviens très bien de ce moment. Il fallait alors composer avec un équipage complet, prendre en compte l'aspect commercial du vol et entendre les attentes marketing.

Je passais littéralement mon temps dans les voitures de location et les taxis. Basé à Montpellier, nous opérions des vols au départ de Lyon, Marseille, Nice.

Je n'ai jamais autant fait de trajets d'autoroutes. Imaginez, j'avais un vol Montpellier-Marseille-Nice-Milan-Nice, retour à Montpellier en taxi, ou une mise en place en taxi vers Lyon pour enchaîner avec un Lyon-Pau-Biarritz-Pau.

Nous volions beaucoup en Italie et c'était le début des téléphones portables, donc nous commencions à demander aux passagers de couper leurs appareils en début de vol (personne ne connaissait alors la véritable incidence des longueurs d'onde sur nos instruments de vol).

Au départ de Bologne, notre hôtesse vint nous voir en disant qu'un passager italien, très virulent, refusait de couper son portable car il était en ligne pour signer le contrat du siècle. Le commandant me fit alors signe d'accompagner notre hôtesse, en montrant mes galons pour faire respecter la consigne. Je l'accompagnai donc, me demandant comment adapter mon anglais hésitant à l'accent italien. Après quelques invectives, le client, qui parlait très bien français (ouf !) rangea son portable et me rappela, alors que je me dirigeais vers le cockpit.

« Monsieur, je peux vous demander de rester discret ? Je dois vraiment téléphoner. Je vais continuer mais plus discrètement. »

Je lui opposai un refus catégorique, le Captain était plus rigoureux, il lui demanda son téléphone afin de lui rendre à la fin du vol.

Ma surprise fut grande quand on me donna son appareil : c'était un faux, un jouet !

Mon passage chez Air Littoral fut pour moi l'occasion d'apprendre véritablement mon métier de pilote de ligne.

Ce fut une bonne transition entre l'aviation d'affaires et sa débrouillardise, et la compagnie Major et son environnement réglementaire.

PILOTE DE LIGNE

J'intégrai alors la grande compagnie nationale en tant qu'officier pilote sur Airbus A320.

Enfin, j'étais prévu en qualification sur Boeing B737 mais le matin de la journée d'intégration, les manuels de vol posés sur la table étaient ceux de l'Airbus. Je posai la question « Pourquoi le changement de machine ? », mais on me répondit que j'avais de drôles d'interrogations.

Bref, je me retrouvai donc pilote sur 320 (eh oui, dans le milieu, le pilote, c'est le copilote et le commandant de bord, le pilote). Mon passage y fut rapide. Mes heures de vol accumulées en aviation d'affaire et régionale me permettaient de me présenter à l'examen pratique de pilote de ligne.

Chaque brevet de pilote est divisé en une partie théorique et un test en vol après avoir validé une certaine expérience d'heures de vol. Une fois breveté, votre licence de vol est valable un an, sous réserve de satisfaire un check-up médical, deux tests au **simulateur** et un contrôle en vol.

En résumé, votre brevet de pilote est acquis à vie mais votre licence pour voler est valable un an.

Le réseau moyen-courrier était dense et très varié. C'était un formidable terrain de jeu pour découvrir l'Europe, le bassin méditerranéen et les pays nordiques. Vous preniez votre petit déjeuner à Casablanca et vous dîniez à Copenhague. Le rythme était soutenu, les étapes s'enchaînaient et la bonne ambiance était de rigueur. Seul problème, les réveils étaient matinaux car il fallait être à 5 h 30 du matin à l'aéroport Charles-de-Gaulle.

Au bout de deux ans et mon brevet de pilote de ligne en poche, je partis découvrir le long-courrier et par là même, le monde !

LE SAVIEZ-VOUS ?

L'angle de vue du cockpit fait
un angle mort de 16 mètres devant l'avion.
C'est pourquoi on demande aux agents
de piste qui tomberaient en panne
sur un **taxiway** de monter sur
le toit de leur véhicule pour
nous faire signe.

FUMÉE À BORD

Il fallait se dépêcher. Les étapes s'enchaînaient, la journée avait été longue et nous étions en retard. En plus, un changement d'appareil était prévu, rendant tout l'équipage fébrile. La principale menace était le « *Hurry up syndrome* » : prendre des raccourcis dans les procédures pour respecter l'horaire. C'était tout le dilemme de la ponctualité : ne faire aucun compromis sur la sécurité, respecter le fil rouge des check-lists, parfois chronophages, tout en ayant la pression du temps qui passe.

Je partis avec Pierre, un commandant fraîchement lâché dans la fonction, sur Genève, destination dont la clientèle est exigeante. Les passagers étaient mécontents – la précision suisse... – et nous roulions vers la piste de décollage avec un nouvel équipage commercial.

Alignement, Pierre mit les gaz en poussée. L'A320 décolla, nous étions complets, et j'annonçai que la vitesse verticale était positive, donnant ainsi le signal pour la rentrée des trains. Nous entendîmes le bruit des trappes qui manœuvraient et le calme s'installa dans le cockpit.

Ding dong ! Appel du chef de cabine.

Étrange car nous avions interdit les déplacements des hôtesses et stewards. Il s'agit du concept du « ***sterile cockpit*** », pour éviter au maximum les interruptions de tâches.

« C'est Charles, il y a beaucoup de fumée à l'arrière, les **pax** se lèvent et sont en panique, résonna la voix inquiète de notre chef de cabine.

– Lance un **Mayday** », m'ordonna Pierre.

Ne pilotant pas, je fus en effet en charge des communications radio et de l'exécution des check-lists. Je m'exécutai. Notre entraînement nous préparait largement à ce genre de situation. Nous répétions à longueur de séances de simulateur les scénarios catastrophe et la fumée à bord faisait partie de ceux-ci. Néanmoins, passer pour de vrai un message de détresse me remplit de stress.

« *Mayday, mayday, mayday, De Gaulle, d'AF 1342, smoke on board, maintening runway heading.* »

Le ton de la réponse de la contrôleuse de la tour de contrôle de CDG (Charles-de-Gaulle) me laissa penser que, pour elle aussi, la situation était nouvelle.

« *Check-list smoke.* »

L'ordre claqua. J'ouvris alors le cahier à spirales. Les actions, répétées lors du simulateur, revinrent d'un coup. Nous étions entraînés, conditionnés. Les séquences s'enchaînèrent. Nous demandâmes à revenir nous poser immédiatement. La tour fit remettre les gaz aux autres avions pour nous dégager l'approche.

« Les pompiers vous attendent sur la 26 droite, autorisé à l'atterrissage, vent calme », m'indiqua la contrôleuse.

Sensation bizarre d'être attendu par les pompiers : c'était généralement l'inverse ! Atterrissage, inspection de l'avion par les pompiers, retour au parking. Les clients débarquèrent. L'équipage commercial géra la cabine pour calmer nos passagers en appliquant, eux aussi, les procédures répétées au cours des stages de maintien de compétences.

Le vol avait duré douze minutes. La fumée avait disparu.

Dans la relative précipitation du départ, nous n'avions pas remarqué la mention au livret d'entretien du lavage d'un de nos moteurs. À la mise en puissance, des résidus de détergent avaient pollué le circuit de conditionnement d'air, provoquant de la fumée et notre retour précipité.

LE SAVIEZ-VOUS ?

Lorsque l'avion doit s'arrêter rapidement, la température des freins peut atteindre 800°C. (les roues se dégonflent alors pour éviter d'exploser). On ne peut pas décoller avec des freins qui auraient chauffé au-delà de 300°C. Les avions moyen courrier, qui enchaînent rapidement plusieurs étapes, sont ainsi équipés de ventilateurs de freins.

LE BOULON DE NIAMEY

La découverte du réseau long courrier commença par ma qualification sur le Boeing B767.

Ces cinq avions étaient ceux de l'ancienne compagnie Aéromaritime, filiale d'UTA. La campagne publicitaire de Boeing le présentait comme l'« Airbus Killer ».

J'avoue que c'est un avion ergonomique à l'anglo-saxonne : vous embarquiez des passagers, leurs bagages, du fret, vous mettiez du kérosène et vous fermiez la porte.

Par contre, au pilotage, c'était mou à la profondeur et vif aux ailerons (c'était ramolli en montée-descente et rapide en virage). Ajoutez à cela une technique d'atterrissage de cow-boy : vous posiez, c'était pas cassé, c'était réussi. Un atterrissage doux en B767, c'était un **appontage** en Airbus.

Néanmoins, le faible nombre de machines faisait que la quantité de pilotes était réduite et l'ambiance géniale.

Nous desservions en priorité la côte Est des États-Unis.

Un matin, Christian, le chef pilote m'appela :

« Olivier, nous allons reprendre la ligne CDG-Bamako-Ouagadougou avec une fois par semaine un passage par Niamey. Nous partons ensemble nous mettre en place à Ouaga. »

À l'époque, la ligne était sous-traitée à une compagnie espagnole, Air Plus Comet. Je me retrouvai donc avec mon chef, en passager, sur ce vol vers Bamako. Moment cocasse, car la particularité de cette compagnie ibérique était de n'employer que des hôtesses recrutées par une agence de mannequins…

Inspection rapide lors de l'escale à Bamako, puis départ pour Ouagadougou. Nous devions rester trois jours là-bas afin de mettre en place toute l'organisation logistique pour l'arrivée de notre avion et le changement d'équipage. Notre B767 arrivait et nous faisions ainsi la première relève d'équipe. C'était le jour de la semaine où le retour se faisait par Niamey. Un mécanicien était à bord depuis Paris et faisait l'inspection à Niamey. Il n'était pas possible de laisser un technicien à demeure pour un vol par semaine.

Le vol d'une petite heure entre Ouaga et Niamey se déroula sans problème, nous étions encore dans la saison sèche. Mais arrivés à Niamey, notre mécano nous signala que nous avions ingéré un oiseau lors de l'atterrissage. Il fallait donc faire une inspection visuelle de l'intérieur du réacteur : un **boroscopage**.

Le départ de Niamey était une fête et l'événement de la semaine : imaginez, le seul vol hebdomadaire pour rejoindre la France et l'Europe. Le vol était surchargé. Des familles endimanchées, des bénévoles d'ONG avec des enfants malades, des expatriés rentrant au pays... Tous embarquaient à pied et passaient devant notre moteur aux capots démontés et notre mécano dégoulinant de transpiration (il faisait 40 °C à l'ombre).

Premier point de la situation

Le mécanicien avait trouvé un **boroscope** à l'escale, ancienne dotation de la compagnie disparue Air Afrique, mais la lampe était cassée. Dans la caisse de dépannage qui l'accompagnait, il manquait justement la clef de la bonne taille pour démonter les boulons des trappes de visite du moteur. Pas de chance, sur les cinq avions qui composaient la flotte de Boeing 767, trois étaient équipés de moteurs français, les deux autres de réacteurs américains, et il fallait inspecter les moteurs d'outre-Atlantique en cas d'ingestion d'oiseaux. On était sur un avion 100 % américain. Pour la lampe, on avait utilisé l'ampoule de la torche de Christian. Pour la clef, un morceau de papier toilette faisait office de réducteur.

Fin d'embarquement

Carole, la chef de cabine principale, extrêmement efficace, vint nous rendre compte de l'état de la cabine : « Plus un siège de libre, j'ai un ministre du Niger en classe business, j'ai une maman avec un nourrisson qui nous a confié ses petits pots à réchauffer, et j'ai l'épouse du consul américain avec son petit chien qui rentre aux États-Unis. Et vous, les gars, tout va bien ? »

Tout allait bien, il fallait simplement attendre le résultat de l'inspection mécanique.

Deuxième point de la situation

Christian, mon commandant avait déjà dû intervenir auprès de l'épouse de l'ambassadeur car le petit chien de celle-ci s'était échappé de son sac et elle n'avait aucune intention de le surveiller. Un chien en liberté dans une cabine d'avion n'avait rien d'une partie de plaisir.

Mais j'étais plus préoccupé par la mine de notre technicien qui me dit :

« J'ai fini l'inspection. Rien à signaler, le moteur est comme neuf. En revanche, en remontant le dernier boulon de la dernière trappe de visite, comme je n'avais pas la bonne taille de clef, le boulon est tombé dans la coque interne du moteur. »

Christian me regarda : « Et on fait quoi ?

— On appelle Paris ! »

Le **chef d'escale** implosa, il suivait avec angoisse l'évolution de son unique vol : « Je n'ai pas de téléphone depuis trois semaines et mon **télex** ne réponds que de manière aléatoire !

— Pas de problème, dis-je.

— Nous sommes équipés du téléphone satellite (équipement révolutionnaire à l'époque) », enchaîna Christian.

À la troisième sonnerie, le centre de contrôle opérationnel de la compagnie décrocha. La voix du chef de quart emplit le poste de pilotage. Paris allait trouver la solution pour récupérer le boulon !

Seul problème, cela n'était jamais arrivé. On n'avait jamais perdu un boulon dans un moteur ! Il fallait demander l'avis d'un bureau d'experts, en l'occurrence Swissair, compagnie qui avait les mêmes moteurs. Mais il était maintenant deux heures du matin.

Notre technicien s'échinait à la tâche. Grâce au boroscope et sa fibre optique, il arrivait à voir notre fameux boulon. Il avait façonné avec du « fil à freiner », fil de fer souple servant à sécuriser les fixations, une sorte de perche télescopique pour remonter notre objet. La fatigue et la chaleur aidant et un peu vexé, le pauvre était effondré.

Christian prit alors le relais sous le moteur gauche.

C'est alors qu'un enchaînement d'événements, qui me surprend toujours dix ans plus tard, s'opéra. La chef de cabine principale vint me voir : « Olivier, la femme de l'ambassadeur a laissé échapper une nouvelle fois son chihuahua et celui-ci a mordu l'hôtesse. Elle est incapable de nous dire si son chien est vacciné et l'hôtesse est en panique à l'idée d'avoir la rage. »

Je m'en sors en proposant de désinfecter la plaie et d'aller voir dès notre arrivée le service médical. Le temps d'incubation doit bien nous permettre de rentrer à Paris !

Ding dong !

Appel de l'office de l'arrière de l'appareil.

« Olivier, c'est la chef de cabine de l'arrière. Juste pour te signaler qu'une hôtesse qui avait faim a mangé un des pots de bébé qui restait. Le truc ne devait plus être très frais car elle est maintenant malade. De plus, j'ai une autre collègue qui, ayant eu mal aux oreilles sur le premier tronçon, s'est enfilé plusieurs cachets d'anti-inflammatoires et qui ne va pas très bien non plus... »

« Olivier ! »

C'est la chef de cabine principale.

« Nous venons de finir le service mais nous n'avons plus de bouteilles d'eau minérale. »

Ding dong !

« C'est l'arrière. On peut faire un appel médecin ? J'ai les deux filles qui sont tombées dans les pommes. »

Ding dong !

« C'est la porte 2. On a un gros problème avec les passagers fumeurs. Ils n'en peuvent plus ! »

La cause des incidents dans l'aéronautique est l'enchaînement de simples péripéties mineures qui, mises bout à bout et dans un ordre particulier, débouchent sur une situation incontrôlable. Par chance, nous étions au sol et à l'arrêt.

Il me fallait procéder par ordre :

« Carole, demande au mécano de descendre prévenir Christian.

– Ok, pour info, pas de médecin dans l'avion.

— Bon j'appelle le SAMU. Pour les fumeurs demande au chef d'escale s'il y a un espace fumeur et prends un de tes stewards pour accompagner les clients par petits groupes. »

Intérieurement, je me demandais s'il était plus facile de trouver un coin fumeur dans l'aérogare de Niamey ou d'avoir le médecin régulateur à Paris à trois heures du mat.

« Allô, le Quart Opérations ?

— Oui Niamey. Vous avez réussi à partir ?

— Euh, non. On a toujours le problème de boulon et en plus on a deux hôtesses dans les vapes.

— On a réfléchi : on annule le Philadelphie. On met l'avion sur Niamey pour venir chercher les clients. On met un réacteur, trois mécaniciens et leur équipement dans le B747 cargo qui part sur Dakar. Il décharge le fret au Sénégal et vient déposer votre moteur. On change le tout et vous ramenez votre avion à Paris. Simple ! »

« On est **tankés** là pour une semaine, analyse Christian qui avait suivi la conversation lors de son retour au poste.

— Et pour le SAMU ? interrogeai-je.

— Bah, demandez à l'escale. »

Troisième point de la situation

– Deux hôtesses en moins.

– Un caniche « enragé ».

– Un docteur à trouver.

– De la nicotine qui commence à manquer.

– Des bouteilles d'eau pour 200 personnes à approvisionner.

– Un boulon qui continue à se balader.

Le jour se leva sur le **tarmac** de l'aéroport.

Le ministre en classe business avait finalement négocié la possibilité de débarquer nos clients burkinabés et le chef d'escale avait trouvé quelques chambres dans l'unique hôtel de la ville. Carole avait regroupé les familles et tous nos passagers étaient partis prendre quelques heures de repos.

Un mécanicien local prenant son service vint nous voir pour proposer son aide. Notre technicien avait finalement trouvé un aimant et essayait non plus de crocheter mais d'attirer le boulon vers l'extérieur.

Souvent un œil extérieur permet de débloquer les situations les plus complexes.

« L'aimant ne sert à rien. À cet endroit du moteur, les températures sont trop élevées. C'est en titane, et le titane, ça ne s'aimante pas. Il vous faudrait un aspirateur. »

Aussitôt dit, aussitôt fait, nous partîmes Christian et moi-même à la recherche de l'ustensile salvateur. Christian mit la main sur un authentique aspirateur industriel jaune dont le filtre datait de sa fabrication quelques dizaines d'années auparavant. Mais le tuyau était trop gros pour entrer dans l'orifice de visite du réacteur. Le steward qui avait supervisé les allers-retours des groupes de fumeurs pendant la nuit s'écria : « Je sais ! Il y a le tuyau d'arrosage du tourniquet de la pelouse devant l'aérogare ! »

L'expédition « tuyau » fut rondement menée mais le diamètre se révéla encore trop gros.

C'est alors que le mécano demanda : « Commandant, si présentement, vous me donnez l'autorisation de venir avec ma voiture près de l'avion, je peux, nonobstant, trouver une solution. »

Une heure plus tard, nous vîmes se garer près de notre avion écrasé sous le soleil un vénérable 4×4 avec à la louche un million de kilomètres au compteur. Il nous expliqua qu'il avait démonté le tuyau de la gazinière de sa maman. Il entreprit alors de le brancher sur la pompe à vide de la direction assistée.

Le spectacle était irréel. Imaginez un antique tout terrain avec le moteur lancé à fond crachant une épaisse fumée, notre mécano guidant grâce au boroscope notre intervenant pour aspirer notre boulon. Le vacarme était assourdissant mais nous étions tous concentrés sur le faible bruit de succion émanant de la durite de gazinière.

Et là, miracle, le boulon émergea des entrailles mécaniques ! Avec la bonne clef, il fut remis prestement en place.

« Appelle Paris », m'ordonna Christian.

— Allô le Quart Opération, c'est Niamey. On a récupéré le boulon !

Après un long silence interrogatif, on me répondit :

« Ah, il va falloir annuler la manip sur Dakar... »

Eh oui, tout rentrait dans l'ordre.

Après un repos minimal réglementaire, nous embarquâmes tous nos clients ravis de pouvoir enfin partir. Direction Ouagadougou de nouveau pour faire le ménage, se fournir en plateaux repas, faire la vidange des toilettes et le plein de carburant.

Arrivée à Paris à l'heure... mais avec une journée de retard !

Douze ans plus tard, je retournai à Niamey pour mon premier vol en tant que commandant sur long-courrier. La première phrase que me dit l'agent d'escale fut : « Bienvenue à Niamey, commandant Olivier. Tout le monde ici est content de vous voir. Personne n'a oublié l'aventure du boulon ! »

CRIQUE PARE-BRISE

C'était ma dernière rotation avant mon examen pour devenir commandant de bord.

Éric, mon instructeur, avait passé en revue toutes les situations critiques auxquelles je pouvais être exposé. Les questions fusaient.

Lors de la dernière étape de Perpignan à Orly, Éric avait décidé de me laisser tranquille, mais j'avais pour consigne d'optimiser au maximum mon vol en consommation carburant. À moi les demandes de raccourci auprès du contrôle aérien et calcul du niveau de vol et vitesse du vent.

Aux alentours de Limoges, je remarquai soudain un défaut dans le pare-brise de mon instructeur.

« Éric, tu avais remarqué cette fêlure dans ta vitre ? »

À peine avait-il eu le temps de tourner la tête que le pare-brise se criqua entièrement, comme si nous avions reçu un caillou à pleine vitesse.

Check list « Crique pare-brise » !

Mais là, ce n'était pas une mise en situation.

Heureusement, la couche interne n'était pas touchée. En effet, les vitres du cockpit sont composées de 3 couches différentes pour une épaisseur de plus de 3 centimètres.

Par mesure de précaution, nous nous équipâmes de nos masques à oxygène et demandâmes la descente par anticipation. Il fallait éviter la dépressurisation.

Check list effectuée, j'appelai alors mon chef de cabine par l'interphone pour lui faire part de la situation. Malheureusement, il était aux toilettes.

Ce fut la jeune hôtesse stagiaire qui entrouvrit la porte du poste de pilotage pour venir aux nouvelles. Nous voyant équipé de nos masques (le bruit de la respiration dans les hauts parleurs est digne des meilleures émissions de Nicolas Hulot), elle fut prise de panique et retourna en cabine tambouriner à la porte des WC.

Elle ne pouvait plus respirer et s'équipa d'une cagoule d'urgence.

Notre chef de cabine ouvrit alors la porte du petit coin pour découvrir sa collègue au bord de l'hyperventilation, affublée de la cagoule et le chignon de travers.

Incompréhension totale car impossible de communiquer sauf en hurlant dans cet équipement de secours.

De mon coté, sans réponse, j'appelai l'arrière de l'avion.

Le steward, ancien et expérimenté, me répondit avec nonchalance :

« Ouais, porte 2, j'écoute...

— C'est Olivier, on a le pare-brise à droite complètement obturé, on se pose à Orly avec les pompiers !

— Ouais. On sera à l'heure ? »

La conscience de la situation est une donnée essentielle en aéronautique :

– le cockpit géra une check-list et un état de l'avion dégradé ;

– l'avant de la cabine géra une hôtesse en panique ;

– l'arrière finit de lire *L'Équipe* ;

– les passagers rentrèrent tranquillement de leur week-end prolongé.

Tout était sous contrôle !

Le Jargon

La Cabine :

« Bonjour, serait-il possible de visiter la cabine ? »

Pour le personnel navigant, l'avion est divisé en trois zones : le poste de pilotage, la cabine et les soutes.

Si vous vous voulez visiter la cabine, pas de problème. Vous êtes déjà assis dedans.

MENACE DE MORT

Le passage au statut de « commandant de bord » est une étape essentielle dans la vie d'un pilote de ligne voire d'un pilote tout court. Comme me le disait un instructeur : « Avant, tu étais payé pour résoudre des problèmes, en passant Captain, tu es payé pour en avoir. »

Peu d'instructeurs ou de commandants m'ont marqué, la faute à une volonté de standardiser et de déshumaniser notre métier. Heureusement, le miracle de l'Hudson et la capacité de résilience du commandant Sully ont remis en avant l'humain et sa capacité à gérer les situations inextricables.

En revanche, je me suis beaucoup inspiré de ces pilotes pour construire ma vision de la fonction. Jeune commandant, je me suis rapidement vu confronté à des situations inhabituelles et inattendues.

À l'embarquement, la chef de cabine de notre vol vers Milan me demanda de faire un appel médecin pour un passager présentant les symptômes d'une crise cardiaque. Pas banal, ledit client était le seul médecin présent à bord. Il me confirma lui-même la nécessité d'appeler les services d'urgence !

6 h 45.

L'agent d'embarquement de ce vol vers Marseille demanda à me voir. Un passager en provenance d'Abu Dhabi semblait éméché. Je notai l'information et demandai à l'hôtesse en porte arrière un rapide compte-rendu. Elle ne remarqua rien.

Fin des opérations, les passagers étaient, pour la plupart, encore endormis. J'annonçai un créneau de décollage. Les services de la navigation aérienne nous imposèrent un retard au départ pour gérer le flux du trafic d'avions vers le sud de la France. Mouvement de mécontentement chez nos passagers.

Le jeune chef de cabine vint me voir pour me dire que les gens se plaignaient de notre passager « alcoolisé ».

Je me rendis alors à l'arrière de la cabine pour découvrir un jeune homme chétif au teint blafard coincé entre un Marseillais pure souche avec le journal *L'Équipe* ouvert à la page OM et le sosie de Jason Statham, héros du film *Le Transporteur*, au crâne rasé et à la mine patibulaire. Je demandai à ma collègue de déplacer notre client à la grise mine au milieu de deux stewards en passagers qui rentraient chez eux au terme de leur vol long-courrier. Au moins, il serait bien entouré !

Début du **roulage**. Nous étions coincés derrière les avions au départ. Ding dong. C'était le « **CC** ». Ça bougeait à l'arrière. Les **PNC** de l'arrière géraient quelqu'un qui s'était levé.

Au même moment, l'alarme « Feu toilette » hurla dans le poste de pilotage. Le feu est l'élément le plus dangereux dans un avion. Même à 7 h 30 du matin, tout l'équipage réagit rapidement grâce à l'entraînement régulier. Je pensai tout de suite au passager imbibé : il avait déjoué la surveillance des stewards, s'était enfermé dans les toilettes et avait mis le feu... J'apprendrais plus tard qu'il avait voulu effectivement aller au petit coin mais sur le chemin (deux rangées de sièges) il avait croisé l'ancien amour de sa vie. Mon intuition m'avait fait m'arrêter au droit d'un taxiway. Bien m'en avait pris. Lorsque je commandai au copilote de demander à la tour de contrôle un retour au parking, je pus aisément sortir de la file d'attente au point de décollage.

Le copilote annonça nos problèmes : « On a une alarme fumée et un passager ivre mort. »

L'urgence était maintenant l'alarme de feu dans les toilettes qui retentissait à intervalle régulier. Nous demandâmes l'intervention des pompiers, nous passâmes devant la caserne sud de l'aéroport de CDG, et ils nous suivirent à vive allure vers le point de stationnement heureusement très proche.

Je fus surpris alors de voir autant de policiers qui nous attendaient en me plaçant dans les cales.

L'équipage inspecta les toilettes de l'avion, surtout les poubelles, sans rien trouver ni remarquer. Pas de fumée, ni d'odeurs suspectes. Un pompier équipé d'un masque à oxygène monta à bord. Ses collègues inspectèrent l'extérieur de l'avion. Pas de détection de points de chaleur à la caméra thermique...

C'est alors que retentit un appel de l'arrière de la cabine : c'est mon hôtesse qui s'inquiétait de mon passager alcoolisé, qui était maintenant plus que virulent et qui me donnait les pires noms d'oiseaux. Je me retournai et vis sur l'escabeau une demi-douzaine de policiers équipés de matraques, gants et pistolets lacrymogènes.

« On vient pour exfiltrer votre passager indiscipliné !

— D'accord, mais vous allez voir, il est petit et pas trop baraqué.

— On s'en occupe, Commandant ! »

Je laissai la colonne d'agents de la force publique remonter l'allée de l'Airbus sous les regards inquiets et hébétés de mes clients.

Ce fut long, très long.

Ding dong :

« Oui Olivier ?

— C'est l'arrière, il fait un coma éthylique ! »

Les pompiers, les flics, maintenant le SAMU. La situation devenait un peu compliquée tout à coup, surtout que le copilote me dit que les techniciens de la maintenance et la gendarmerie étaient là aussi. Je me sentis soudainement tout petit au milieu des différents services d'urgence de la plateforme.

Heureusement, le jeune homme s'était réveillé et les policiers descendaient avec lui sur l'escabeau. Un des pompiers l'examina. Le mécanicien me confirma une panne du **calculateur** qui gérait les alarmes incendie. Le centre des Opérations avait anticipé et nous attribuait un nouvel avion.

En route vers Marseille, une question m'obnubilait : pourquoi les policiers étaient-ils intervenus aussi rapidement ?

Le hasard avait fait que mon épouse, chef de cabine, était dans un avion au point d'attente de la piste de décollage ce jour-là. Ses pilotes lui avaient annoncé : « Ça a l'air chaud sur le Marseille, ils ont reçu "une menace de mort" ! »

Le contrôleur avait lui aussi compris « menace de mort » au lieu de « ivre mort »...

LE SAVIEZ-VOUS ?

Notre réservoir d'eau fait 700 litres.
De quoi remplir 700 chasses d'eau.
Et, lorsque l'on tire la chasse dans un avion,
ça ne va pas dehors, mais dans
un réservoir d'eau usées…
de 700 litres également.

L'AFRIQUE

Le continent africain est un formidable terrain de jeu. Les gens, les couleurs, les ambiances et surtout les odeurs sont inoubliables. Qui n'a pas été en Afrique n'a pas l'odeur de la latérite chauffée à blanc sous le soleil écrasant dans les narines.

Mon territoire était l'Afrique subsaharienne jusqu'au golfe de Guinée.

Les infrastructures et leur fiabilité avaient fortement progressé au cours des quinze dernières années. Néanmoins, des situations cocasses survenaient toujours. Surtout aux moments les plus inopportuns.

Ouagadougou

À l'approche de Ouagadougou, le contrôle aérien refusa de nous donner l'autorisation de descendre pour effectuer l'approche. La radio était mauvaise. Même si nous réduisions notre vitesse, nous nous rapprochions inexorablement de notre destination.

Heureusement, plus on était près, meilleures étaient les communications.

« Il faut attendre l'avion du Président, nous indiqua-t-on.

— Roger, mais pendant combien de temps ?

— Je n'en ai aucune idée. »

Il est vrai que la notion de durée en Afrique n'est pas la même qu'en Europe. Un dicton dit bien que les Européens ont la montre et que les Africains ont le temps. Il fallait, *grosso modo*, environ 200 kilomètres pour descendre de notre niveau de croisière et atteindre notre piste d'atterrissage. La distance entre Paris et Le Touquet. Nous nous mîmes en attente, en négociant le niveau de vol le plus élevé possible. Plus on était haut et moins on consommait de carburant. Après une bonne demi-heure de ronds dans l'eau, nous nous inquiétâmes du délai. En effet, les orages se développaient en fin de journée et il valait mieux les éviter.

« Ouaga de l'AF 536, vous avez une idée du délai pour l'atterrissage ?

— Cela ne devrait plus tarder, ils sont en train de ranger le tapis rouge... »

Passé le moment d'incrédulité, il nous fallut organiser la descente et l'approche : nous passions verticale, à 7 000 mètres d'altitude, là où la trajectoire d'approche débutait à 900 mètres, et le contrôleur pensait nous aider en nous autorisant l'atterrissage ! Une bonne dose d'**aérofreins** s'imposait.

Abidjan

Nous fîmes une pause d'une heure à Ouagadougou avant de mettre le cap sur Abidjan pour notre escale.

Le front intertropical, l'équateur météo, était situé au nord de sa position idéale.

La saison des pluies battait son plein et, si c'était une aubaine pour les populations locales, cela était synonyme d'orages fréquents et violents pour nous, pilotes. Nous étions alors obligés dévier de notre route pour les éviter. Mon record personnel est un écart de plus de 300 kilomètres.

L'étape Ouagadougou-Abidjan fut difficile : nous avions pris du retard depuis Paris, les passagers étaient fatigués de cette escale supplémentaire, nous avions attendu le passage de plusieurs avions (il n'y avait pas de taxiway, il fallait remonter sur la piste pour aller faire demi-tour à son extrémité, pendant ce temps-là les décollages et atterrissages étaient bloqués) et de nombreux cumulonimbus nous avaient fait zigzaguer. Lorsque nous vîmes les lumières de la ville d'Abidjan, nous fûmes soulagés. Mais en discutant avec la tour, la surprise fut totale puisque le contrôleur nous annonça que l'atterrissage était impossible car il y avait... de l'herbe sur la piste !

L'A380 venait de faire demi-tour et ses énormes moteurs avaient soufflé de la paille sur l'aire d'atterrissage ! En effet, si nos réacteurs l'ingéraient, nous pouvions les endommager. Seul petit problème, le délai pour nettoyer la piste était de deux heures !

Les orages que nous avions évités se rapprochaient de la côte, le niveau de pétrole diminuait, l'escale était injoignable par radio. Nous commencions nos calculs pour optimiser notre temps d'attente et envisager les options de déroutement. Nous pouvions aller à Cotonou mais c'était plus loin, ou Accra mais qui n'avait pas d'assistance pour notre compagnie. Au bout d'une demi-heure, au moment où nous allions décider de partir, la tour nous indiqua alors que l'herbe était « nettoyée ». Je n'ai jamais été aussi ravi de me poser sur une piste avec de l'herbe propre !

Bamako

Le vol était optimal : nous avions respecté notre horaire, l'équipage commercial était bienveillant avec nos clients, la météo clémente et les turbulences absentes.

Mise en configuration atterrissage, sortie des volets en position approche, passage avec la tour pour l'autorisation de se poser. Tout semblait réglé comme du papier à musique. Sauf que le contrôleur nous demanda alors d'attendre :

« Unable to land ! There is a snake on the runway !

— A what ????

— A snake, sir ! »

Un serpent ? !

Voilà comment un reptile put suspendre la douce mélodie d'un vol sans histoire.

Le boa fut effrayé et l'on put réussir un « ***kiss landing*** ».

L'Afrique est formidable : lorsque vous vous levez le matin, ce n'est pas « pourvu qu'il ne m'arrive rien » qu'il faut se dire mais « pourvu qu'il se passe quelque chose ».

Lorsque nous fîmes escale à Kinshasa, nous prîmes dans la foulée de notre arrivée un avion vers Brazzaville pour traverser le fleuve Congo.

Les pénuries de carburant étaient fréquentes. Il n'était pas rare de se voir annoncer au dernier moment que l'on attendait la barge du fleuve, le train de Pointe-Noire ou même de faire une escale technique à Yaoundé ou Douala sur le retour.

La magie des irrégularités d'exploitation.

LE SAVIEZ-VOUS ?

La vitesse d'un Airbus A330 équivaut à 15 kilomètres en 1 minute, soit 250 mètres par seconde.

En basse altitude, pour décélérer vers la vitesse d'approche, il faut compter environ 10 kilomètres. Il est important d'anticiper pour ne pas louper la prochaine sortie !

LAISSE-MOI 30 SECONDES

Nos différents manuels essayaient de couvrir et d'envisager l'ensemble des situations anormales auxquelles nous pouvions être confrontés. Mais le dernier paragraphe était souvent le même : « En cas de doute, contacter le commandant de bord. »

Comme cette question à Bastia : « Vous acceptez un passager avec une souris sans dents dans une cage en fer ? » Je n'ai pas osé demander si le client avait un dentier.

Ou aussi, à Tel Aviv : « Le monsieur a une tortue dans sa poche, mais elle est habituée. »

À prendre l'avion ou se balader dans un costume ?

D'autres circonstances nécessitaient de l'improvisation et du sang froid :

Cela faisait trois jours que j'étais avec Pierre, mon copilote, un grand gaillard. Les levers à quatre heures du matin s'étaient enchaînés. Nous étions à Naples à quelques jours de Noël et nous rentrions à Paris pour cette ultime étape.

En fonction de notre charge marchande, les passagers, leurs bagages et le fret, nos performances de décollage et de montée étaient modifiées. Il nous fallait respecter des contraintes réglementaires de volumes de protection mais surtout les obstacles qui se trouvaient sur la trajectoire d'envol. De plus, nous envisagions le cas improbable d'une panne moteur afin d'avoir des marges de sécurité.

Naples est un aéroport particulier : si vous décollez face au sud, la ville et une colline la surplombant vous obligent à diminuer votre masse pour respecter les contraintes de sécurité. Il faut alors choisir entre décoller face au sud et prendre les bagages des passagers. Autre solution : négocier un envol vers le nord, pas de colline, on peut emporter les effets personnels de nos clients mais il faut trouver une place entre deux atterrissages en sens inverse.

Notre Airbus A318 était garé à quelques encablures du seuil de piste, le roulage serait court surtout si nous arrivions à nous insérer dans le trafic à l'arrivée. Pierre faisait la radio et j'étais aux commandes. L'avion n'avait que 70 passagers ce jour-là et Guillaume le chef de cabine, Hélène l'hôtesse et Benjamin le steward, qui avait rejoint la compagnie depuis quinze jours, en profitèrent pour prendre le temps de déjeuner.

Il pleuvait à Naples, c'était une ambiance de retour à la maison.

Mise en route des moteurs, Pierre anticipa l'essai des commandes de vol, mon briefing fut rapide et concis.

La voix napolitaine de la tour nous demanda de nous aligner et de nous préparer à un décollage immédiat : un avion se présentait à l'approche. Nous étions prêts, j'avais les mains sur les manettes de poussée.

« Euh, Olivier. Je vais avoir besoin de 30 secondes... me dit alors Pierre en posant son casque radio et inclinant son siège.

« *AF 1379 cleared for immediate take off.* »

Je pris alors le micro :

« *Negative. Stand by.* »

La tour partit alors dans un monologue que je n'entendis pas. Pierre venait de s'évanouir à mes côtés. Je le secouai, l'appelai, sans résultat.

« Ici le poste de pilotage, le chef de cabine est demandé au poste. »

La phrase d'alerte était lancée.

Guillaume s'éjecta de son siège, je l'entendis à travers la cloison, il fit irruption dans le cockpit :

« On a le feu ? ! On évacue ? !

– Euh, non. J'ai perdu Pierre !

– T'inquiète. Je lui prends le pouls. »

Pierre se réveilla alors et profita de l'occasion pour avoir un haut-le-cœur qui me fait encore frissonner des années après.

« T'inquiète ! Je dirige le jet de vomi ! » dit Guillaume.

Pierre tomba une nouvelle fois inanimé.

« AF 1379, you are supposed to make an immediate take off !

– Panne panne Medical. We have a medical emergency. We abort take off and go back to the stand !

– Who needs a medical assistance ?

– My co-pilot ! »

Nous retournâmes sur le parking, heureusement à moins de cent mètres.

Cela faisait maintenant trois fois que Pierre expulsait son petit déjeuner et tombait dans les pommes.

Je me garai.

Guillaume était toujours avec moi et ne pouvait désarmer les toboggans des portes avant. Heureusement, Hélène anticipa. J'entendis ses talons résonner dans le couloir. Désarmement des toboggans. Je réfrénai un mouvement de dégoût en voyant les commandes souillées mais il me fallait couper les moteurs. Ce n'est pas pire que lorsque mes trois garçons ont une gastro, pensai-je.

Hélène en profita pour faire un appel médecin. J'entraperçus une dame très chic qui nous donna un ultime avis : « Il ne faut pas qu'il avale sa langue… »

L'ambulance s'immobilisa au pied de l'appareil. Une jeune urgentiste se précipita dans l'allée. Je la rattrapai et l'orientai vers le poste de pilotage. Elle eut un mouvement de recul en y entrant. J'eus peur de la perdre aussi, l'odeur était intenable. Pierre arriva à s'extirper du cockpit. Il était mal en point. Les sauveteurs l'installèrent sur un matelas coquille et descendirent par l'escabeau. Les portes de l'ambulance claquèrent, la sirène retentit et ils démarrèrent en trombe.

J'étais en bras de chemise, sous la pluie, au pied de mon avion. Levant les yeux vers celui-ci, je vis les visages des passagers collés aux hublots. Guillaume, digne dans son uniforme, m'attendait en haut de l'escalier.

Je me retrouvais sans copilote. Il ne restait plus qu'à débarquer les passagers et à appeler le centre des opérations pour mettre en relation l'escale et Paris. L'effectif des officiers pilotes était tendu. Le dernier copilote d'astreinte venait de partir vers Londres.

Finalement, on annula le vol vers Londres et mon collègue sauta dans le dernier avion vers Naples. Je partis alors à la recherche de mon pauvre Pierre. Je portais toujours la casquette avec mon uniforme et, grâce à elle, les portes de l'aéroport s'ouvrirent plus facilement. Je découvris enfin Pierre à l'infirmerie. Il allait mieux, mais n'avait aucune envie de passer Noël au pied du Vésuve.

Avec Paris, ce fut plus difficile. En effet, c'était le jour du repas de Noël à la cantine et trouver les interlocuteurs décisionnaires relevait du parcours du combattant.

Bizarrement, je n'avais pas faim...

On me proposa de conduire Pierre en taxi vers Rome pour une prise en charge par le médecin de la compagnie. Je refusai catégoriquement.

Enfin, le copilote de réserve atterrit, son avion se positionna à nos côtés et je le vis se précipiter vers nous. Nous étions à la limite de notre butée réglementaire de temps de service.

J'avais soigneusement nettoyé les commandes du cockpit, seules restaient l'odeur et les mousses du siège imbibées. Guillaume avait pourtant trouvé des couvertures pour protéger l'assise.

« Je vais m'asseoir mais ne me demande pas de me lever jusqu'à Paris », me dit mon nouveau collègue.

Le vol retour se passa sans encombre. Pierre avait été contaminé par un virus une dizaine de jours auparavant. Il passa un Noël sans histoire. Je revolai plus tard avec Guillaume et nous partageâmes nos souvenirs et enseignements de cet événement autour d'une bière fraîche.

L'avion fut arrêté de vol pendant trois jours à cause d'une forte odeur persistante au poste de pilotage…

LE SAVIEZ-VOUS ?

L'atterrissage revient à faire passer un tricycle de 182 tonnes soit quasiment cinq semi-remorques de 250 à 30 km/h sur une autoroute de deux kilomètres et demi.

Ça remonte à quand votre dernier tour de tricycle ?

RECONDUIT À LA FRONTIÈRE

La voiture de police était garée au pied de **l'échelle de coupée de la passerelle.** Un des agents m'attendait :

« Vous avez un monsieur camerounais qui est reconduit hors des frontières vers Milan, voici son billet. »

Je demandais toujours à voir ces passagers particuliers, ne serait-ce que pour pouvoir évaluer moi-même la situation. Je découvris un homme tranquille dont les papiers n'étaient pas en règle et qui *a priori* ne comprenait pas comment il s'était retrouvé là. Il était poli et m'assurait vouloir rejoindre l'Italie.

En montant à bord, d'autres policiers m'attendaient, en civil cette fois. C'était le service de protection des hautes personnalités. Nous allions avoir à bord le Premier ministre français et son épouse. Inspection de la cabine, coordination logistique. L'embarquement fut lancé. Le Premier ministre arriverait en toute fin d'embarquement.

Je fis alors signe de faire monter à bord notre « reconduit ». Au moment où celui-ci se retrouva dans la passerelle, notre chef du gouvernement se présenta dans un timing des plus précis mais à l'inverse de ce qui était prévu. Il salua alors chaleureusement les agents des forces de l'ordre et un monsieur impressionné par autant d'attention.

« Vous savez que vous avez serré la main du Premier ministre ?

— Non, mais il est très accueillant... »

Autre ambiance, à Stockholm cette fois.

C'étaient des policiers en armes avec casques et mitraillettes. C'étaient des Vikings et leurs carrures étaient plus qu'imposantes. Leur chef m'expliqua alors qu'un ressortissant syrien était extradé de Suède vers son pays.

L'homme était virulent mais le chef du commando m'expliqua calmement que je ne pouvais empêcher une décision de justice du royaume. Je n'en n'avais aucune envie !

Le monsieur syrien voulut me voir. S'ensuivit une violente altercation en anglais avec les policiers suédois. Nous parlementâmes tour à tour afin de le raisonner. L'ambiance s'apaisa. J'étais inquiet car le temps passait et j'avais encore un avion complet à embarquer. Notre extradé s'agita de nouveau et je sentis que la patience du chef de la police commençait à atteindre ses limites, lui qui avait l'air si serein.

« Désolé, Commandant, mais nous n'allons pas avoir le privilège de voyager avec vous. Nous allons débarquer. Toutes nos excuses pour la gêne occasionnée. »

À peine avait-il terminé sa phrase qu'un escadron de samouraïs élevés aux rollmops intervenait dans l'avion et extirpait *manu militari* mon pauvre Syrien.

Un débriefing avec mon équipage nous recentra sur notre mission et le reste de la journée fut très calme.

Faut pas embêter un policier suédois le matin à l'heure du petit déjeuner.

LE CADAVRE DE LOMÉ

« Vous confirmez que les opérations de départ sont effectuées ? Paré à la mise en route du moteur numéro 1 ?

— Attendez, Commandant, il y a une anomalie ! »

Il était bientôt minuit à Lomé en ce samedi soir, la nuit devait être calme, les orages étaient bien au sud.

À cette injonction de notre assistant, mon copilote me regarda d'un air interrogatif. Je haussai les épaules car rien ne laissait prévoir un quelconque contretemps.

« Vous me confirmez que l'on ne peut pas mettre en route le 1 ?

— Non, non, Commandant ! Il faut appeler les pompiers !

Là, mon copilote se précipita sur l'écran des systèmes de l'avion et les passa rapidement en revue. Mais tout était vert, tout était normal, surtout la température des freins qui pouvait éventuellement nécessiter une surveillance car nous n'étions pas équipés de ventilateurs de frein.

« Le camion est là, me dit mon copilote. Je leur fais un appel de phares. »

Le camion de pompiers, positionné non loin de là, répondit rapidement, mais sans pour autant s'approcher. C'était plutôt un signe de salut qu'autre chose.

Je demandai rapidement de plus amples explications :

« Vous pouvez me confirmer la nature de l'anomalie ?

— Oui, Commandant, il y a un homme dans le train d'atterrissage...

— ...

— Et il faudrait appeler les gendarmes aussi, Commandant.

— ... »

Plus qu'abasourdi, mon esprit partit à 100 à l'heure. En Afrique, nous étions obligés de faire demi-tour en bout de piste, il y avait rarement un taxiway parallèle, et lors de cette manœuvre, loin de la tour de contrôle et dans la pénombre, quelques personnes pouvaient tenter de se glisser clandestinement dans les compartiments de train.

Outre l'extrême dangerosité de cet acte, c'était la mort assurée pour ces pauvres bougres, d'abord par hypoxie puis par le froid polaire. Enfin, le contexte sécuritaire et les risques d'attentat pouvaient prendre les formes les plus radicales.

C'est pour cela que nos trappes furent inspectées et nous fûmes escortés en bout de piste par la gendarmerie locale. Comment ce gars était-il arrivé là ?

Rapidement, un escabeau fut installé. Je confiai l'avion à mon second et descendis inspecter les trains. Une échelle m'attendait mais je ne distinguai rien. Le chef d'escale et le technicien arrivèrent.

On ouvrit les trappes. Avec le chef d'escale, nous montâmes dans la baie de trains. Effectivement, nous distinguions une masse sombre inanimée, attachée au moteur des volets par une couverture. Je m'entendis appeler « Monsieur ! Oh, monsieur ! » mais les cristaux de glace sur le corps laissaient présager le pire.

Pauvre homme ! Tenter l'impossible pour échapper à sa condition.

Nous nous regardâmes abattus avec le responsable de l'escale. Une grande tristesse nous envahit. Pourtant, il fallait réagir. Prévenir les autorités locales, alerter Paris.

Je remontai dans l'avion. Il me fallut rassurer mon copilote, chagriné par le fait de n'avoir rien remarqué lors de son tour de l'avion, mais il ne pouvait vraiment rien déceler. Je briefai mon chef de cabine principal pour qu'il tienne au courant le reste de l'équipe et appelai Paris pour qui la seule préoccupation était de savoir si l'avion pouvait partir.

Rapide annonce à nos clients car notre départ était décalé. Finalement, la nuit s'annonçait plus longue que prévue.

On juge rapidement l'efficacité d'un chef d'escale aux contacts influents qu'il a pu tisser avec les personnes qui détiennent soit le pouvoir soit l'accès au pouvoir. En moins de temps qu'il n'en faut pour le dire, le commandant de l'aéroport, le directeur de l'aviation civile togolaise et le procureur de la république furent au pied de l'avion. Une chance, il y avait une soirée officielle.

Le directeur de l'aviation civile voulut me rencontrer. Je me présentai donc à un monsieur très chic dans son costume d'un camaïeu de bleu. Eh oui, c'était samedi soir sur la terre.

« Bonsoir Commandant. Je suis également commandant car je suis aussi le pilote du président.

— Bonsoir monsieur le directeur, euh, commandant, euh, pilote du président.

— Il vous faut faire une déposition auprès des autorités locales. »

Je m'empressai de redescendre au pied de l'avion pour réaliser cette obligation. Les pompiers et gendarmes entouraient maintenant mon appareil, même des militaires étaient là dont un en mobylette avec un modèle dont j'avais été propriétaire dans mon adolescence.

Le corps fut descendu sous la surveillance de notre mécano. J'ai dû faire deux voire trois dépositions dans ma vie mais celle-ci fut des plus marquantes. Les directeurs adjoints m'accueillirent et me demandèrent de relater les faits. Je commençai mon récit, mais celui-ci fut interrompu car l'un des deux fonctionnaires ne pouvait noter assez vite les éléments.

« Il me faut un pupitre ! Eh, toi, viens faire le pupitre ! »

Imaginez l'adjudant-chef Cruchot du *Gendarme de Saint-Tropez*, même vareuse, même képi mais noir, qui surgit de nulle part et qui fait le dos rond pour servir de pupitre...

« Il faut le bique ! »

Je restai interdit.

« Le bique ?

— Oui, le bique. »

Le pauvre gendarme accroupi devant moi me tendit alors son stylo... Bic.

Imaginez rédiger un procès-verbal sur le dos d'un gendarme togolais en pleine nuit, interrogé par le directeur de l'aviation civile mais aussi commandant et pilote du président, et répondre à la description de votre état-civil en étant félicité d'être marié et d'avoir trois enfants, garçons de surcroît. Mon chef de cabine arrière, amoureux de l'Afrique, avec qui j'ai souvent volé, se tordait de rire à la porte de l'avion, face cette situation inhabituelle.

Je décris rapidement et succinctement les faits.

Puis vint la coordination avec le chef d'escale pour établir un cordon de sécurité autour de l'avion. Je voulais en effet que notre mécanicien inspecte calmement, tranquillement et de manière poussée le logement des trains et des différents éléments. Heureusement, le procureur de la république togolaise ne saisit pas l'avion pour les besoins de l'enquête. Je fis un rapide débriefing à tout l'équipage, une annonce détaillée à nos passagers, mais ils étaient tous déjà au courant et nous pûmes alors partir pour Paris.

Le reste de la nuit fut calme, les orages étaient au sud du golfe de Guinée.

Plus tard, j'appris que le cadavre avait été transporté à la morgue de Lomé, non pas en ambulance car c'était trop tard un samedi soir mais en taxi.

Pour me rassurer, on m'assura que la course avait été payée... double.

LES MOLLETS CHAUDS

Abuja, capitale du Nigéria

L'agent de l'escale me dit qu'il y avait un problème avec l'équipage en provenance de Paris. Je croisai mon collègue. Un de ses chefs de cabine était mal en point. On attendait le médecin. Malheureusement, il s'évanouit. Nous demandâmes l'intervention du service médical local mais sans retour. Nos collègues de Lufthansa, dont l'avion était sur le parking adjacent, nous envoyèrent leur mécanicien détenteur d'un brevet de secourisme.

L'aviation, c'est surtout des hommes et une entraide à l'autre bout du monde.

Abidjan

Mon chef-pilote m'avait contacté pour me signaler la présence du nouveau médecin de la compagnie. Celui-ci devait nous accompagner pour découvrir, *in vivo*, les contraintes de notre métier.

Nous effectuâmes le vol aller en A330 mais le retour en A340. Cela impliquait de récupérer deux hôtesses sur place depuis 48 heures.

Isabelle allait travailler en classe business sur le vol retour. Elle venait de passer deux jours en Côte d'Ivoire. Le vol de nuit se déroula sans histoire. Nous venions de sortir du **FIT**, la zone de convergence équatoriale, siège de nombreux orages. Mon copilote alla prendre un peu de repos sur son siège. Je me rendis au ***galley*** en porte 2 pour m'y faire un café et préparer ainsi la veille sur le Sahara. J'y retrouvai Mathieu, notre médecin, en grande discussion avec Isabelle, notre hôtesse.

À peine de retour au poste, Mathieu demanda à me voir.

« Je viens de parler avec Isabelle. Elle a les mollets chauds !

— Oui, et alors ?

— Eh bien, je lui ai touché les mollets. »

Sourires entendus avec mon copilote qui s'apprêtait à s'équiper de ses bouchons d'oreilles.

« Et en plus, elle se plaint de douleurs à la poitrine… »

Là, le copilote se marra en devinant la suite.

Moi aussi d'ailleurs, mais bon c'était le nouveau toubib de la boîte.

« Il faudrait appeler le SAMU par satellite. »

En un instant, l'ambiance décontractée se transforma en gestion de crise.

Le copilote se sépara de ses bouchons et tapota sur notre ordinateur de bord pour prendre les informations météorologiques des aéroports accessibles les plus proches. Seul souci, Niamey était derrière nous et les seuls terrains « accueillants » étaient Tamanrasset et Hassi Messaoud.

Je laissai les médecins s'expliquer entre eux.

L'aviation, c'est le voyage et l'exotisme mais aussi l'art de passer de situations sous contrôle et sans incidents à d'autres où l'arbitrage et la prise de décision sont lourds de conséquence.

Le SAMU autorisa Mathieu à pratiquer une piqûre avec le contenu de notre trousse médicale d'urgence. La pauvre Isabelle se retrouva alors du *galley*, où elle était soignée pour ses mollets, à la couchette avec une piqûre dans les fesses !

Avec le service des opérations, nous suivîmes toute la nuit l'évolution de nos terrains d'appui afin de pouvoir parer à toute éventualité. Il fallut surveiller la météo, calculer nos limitations, envisager le support médical et technique.

Il était cinq heures et Paris s'éveillait sous nos ailes.

Le SAMU attendait notre collègue. La nuit fut longue.

Plus de peur que de mal.

Le Jargon

Kezkidi :

Les pilotes français ont longtemps été surnommés les « Kezkidi ».

Les contrôleurs aériens anglais et américains entendaient souvent à la radio en bruit de fond une voix disant : « Qu'est-ce qu'il dit ? ».

Ajoutez à cela quelques grésillements et notre réputation était faite…

DÉPARTS MANQUÉS

Moscou sous la neige

J'accueillis à la porte de l'avion nos derniers clients. Une superbe jeune femme slave coiffée d'une chapka s'avança et me susurra un « Bonjour, Commandant » digne d'une réplique de cinéma.

Le steward me donna un coup de coude : « T'as pas reconnu Adriana ? »

Je fonçai dans le cockpit pour prévenir le copilote et boum, me cognai le haut du front sur l'interrupteur de la porte blindée. À moitié assommé, je laissai mon collègue saluer notre passagère de marque.

Difficile d'expliquer à mon épouse le soir en rentrant à la maison que le pansement sur mon crâne (je suis chauve) était une blessure provoquée par Adriana Karembeu.

Saint-Martin, une destination exotique pour l'A340

C'était un atterrissage mythique sur la plage mais la difficulté était plutôt dans le décollage.

Le respect des limitations opérationnelles et le strict suivi de la trajectoire d'envol nous permettaient un départ en toute sécurité.

Pour la petite histoire, le pilote qui avait refondu nos procédures avait donné le nom de ses filles au départ codé dans notre ordinateur de bord.

Le chef d'escale m'accueillit et la fébrilité était palpable. Le câble sous-marin qui alimentait la partie hollandaise de l'île avait été coupé. Plus de téléphone, fax, télex, Internet. Impossible d'émettre les cartes d'accès à bord de nos 275 clients. Il fallut tout faire à la main ! Ou plutôt, il fallut tout faire comme il y a dix ans... Heureusement, nos systèmes embarqués nous donnaient une certaine autonomie. Mais certains documents devaient être impérativement être validés par notre centre de chargement à Paris et vérifiés avant d'être signés par les différents intervenants. Seulement, voilà, on était samedi, il était une heure du matin à CDG et il fallait trouver les techniciens avec la bonne habilitation et faire tous les calculs à la main.

Comment partir avec quatre heures de retard à cause d'Internet et du haut débit !

Départ pour Pointe-Noire au Congo

C'était le vol du week-end et l'avion était complet. Nous étions prêts au départ. Le **tracteur** chargé de nous repousser – nous ne disposions pas de marche arrière – était en place. C'était le ***push-back***.

Nous quittâmes notre point de stationnement mais survint alors un message de panne. Nous n'avions plus la possibilité de faire tourner notre **roulette de nez** et ainsi nous diriger au sol sur les différents taxiways. Impossible de bouger. Un ancien m'avait, fort justement, dit qu'un avion était fait pour voler, par pour rouler. En plus, nous bloquions maintenant les parkings adjacents. Mon copilote demanda alors à revenir dans nos cales à une trentaine de mètres de là. La tour nous refusa notre retour : le parking était déjà attribué, un autre avion attendait. On nous attribua alors un parking « au large », c'est à dire éloigné des aérogares, pour être pris en compte par nos équipes de maintenance. Tout se résolut très vite : on changea un calculateur et zou, direction Pointe-Noire à plus de sept heures de vol de là.

C'est seulement à partir de cet instant que la situation devint complexe, voire grotesque. J'annonçai à l'interphone au conducteur du tracteur que, suite à notre panne, nous devions nous rendre sur le point de stationnement H2, sachant que nous étions alors positionnés en F13. Ne cherchez pas la logique dans la numérotation des parkings en fonction de leur emplacement à Charles-de-Gaulle, je n'ai jamais trouvé. Ou alors, je ne suis pas assez bon en maths pour ça.

« Y a qu'un seul petit problème, Monsieur, pour aller en H2, il faut passer par les taxiways et je n'ai pas l'habilitation pour cela. »

Aïe, cela impliquait de changer de chauffeur, mais aussi de tracteur, car les tracteurs de parking ne sont pas les tracteurs de taxiways (même s'ils tractent les mêmes avions). On attendit donc l'autre engin de piste, mais nous gênions trois avions en F9, F15 et F96 et nos mécaniciens nous attendaient à 30 mètres de là en nous regardant d'un œil interrogateur. Mon copilote renouvela la demande de rejoindre F13 mais la tour était catégorique : « Votre compagnie vous attend en H2. »

Imaginez ma solitude lorsque j'essayai de formuler une annonce rassurante aux passagers, expliquant que l'avion était en panne, qu'on ne pouvait pas le diriger au sol mais que ce n'était pas grave car un tracteur allait nous emmener ailleurs, et qu'il fallait en changer... et la même chose en anglais.

Heureusement le « tracteur de taxiways » arriva, nous permutâmes les engins et nous partîmes vers H2. Pour rejoindre le point H2 partant de F13, il fallait sortir en TF6 croiser G et E en GE2, emprunter Q et traverser B en QB12 et finir par B2 ou B1 sachant que B et Q étaient en sens unique et inversé comme G et E d'ailleurs. Souvent, la partie la plus difficile du vol était... le roulage au sol. J'ai oublié de préciser qu'entre E et QB12, la portion de Q était en montée.

Au moment de prendre le virage à angle droit, notre tracteur perdit de la vitesse et s'immobilisa. En effet, ces engins déplacent les avions à vide (on les appelle dans notre jargon des TGV, Tracteurs à Grande Vitesse). La masse à vide de notre aéronef était de 125 tonnes. Mais avec le plein de pétrole pour Pointe-Noire et nos 200 passagers, nous pesions 100 tonnes de plus.

« On va reculer pour prendre de l'élan », me dit notre chauffeur à l'interphone.

En reculant, l'avion, plus lourd que le TGV, se cabra légèrement et mit en alerte les sécurités de l'engin en coupant son moteur.

Voici notre beau et fringant A330 bloquant les voies de circulation de l'est de l'aéroport avec sa roulette de nez à 10 centimètres du sol et un TGV en vrac. J'hésitai à faire faire l'annonce à mon copilote... Comme nous étions sur les taxiways, il fallait l'intervention des pompiers et les voitures d'inspection de piste que nous appelons des « **FLYCO** ». Tout cela prenait évidement du temps.

Changement de tracteur, nous avions maintenant le droit à un super TGV d'A380 et j'espérais qu'il n'allait pas être trop puissant : ça aurait été dommage de laisser sur place notre train avant.

Ouf, on était en H2.

Les techniciens interrogèrent le calculateur incriminé et, à leur mine déconfite, je sentis que cela ne serait pas aussi rapide que prévu. Changement d'avion : il fallait prendre l'autre Airbus en H3. Mon copilote regarda fébrilement le plan : ouf, c'était juste à côté, le mathématicien de Charles-de-Gaulle devait être fatigué ce jour-là.

Au bout de quatre heures et demie, nous avions parcouru moins de deux kilomètres... en tracteur. Comme dit l'adage : « L'avion est un moyen de transport rapide pour gens pas pressés. »

MADAME YVETTE

Madame Yvette partait à Brazzaville pour le mariage de sa fille à Kinshasa. Elle était un peu anxieuse en vue de son voyage et de la cérémonie qui l'attendait.

L'équipage commençait à s'affairer, mais elle avait de plus en plus mal à la poitrine. Elle finit par appeler le steward pour lui faire part de son malaise. Gérer des problèmes médicaux dans un avion de ligne n'est pas une chose facile, c'est même la principale cause de déroutement dans l'aviation commerciale.

Nos hôtesses et stewards étaient très bien formés mais l'espace était exigu, les passagers parlaient une langue étrangère et, en fonction de leurs correspondances, avaient déjà accumulé beaucoup de fatigue et de décalage horaire.

Ajouter un peu de stress et la peur de l'avion, saupoudrer d'un peu de turbulences et le cocktail était explosif.

Les équipages des avions de ligne changeaient à chaque vol. Le briefing était le moment important où, en tant que commandant de bord, je devais fédérer mon équipe. Les tâches dévolues à chaque membre d'équipage étaient connues, on parlait de répartitions des tâches, de délégation. Mais je tenais à chaque fois à définir les lignes de ma mission : je donnais beaucoup d'importance aux facteurs humains.

Franck, le chef de cabine principal, revint avec le questionnaire de santé. En l'absence de médecin à bord, je téléphonai par satellite au SAMU de Paris. L'avis du médecin fut sans appel : le déroutement était fortement recommandé !

Rapide évaluation de la situation, j'avais :

– Une dame septuagénaire faisant un malaise cardiaque.

– Un steward rugbyman qui la surveillait.

– Un chef de cabine qui avait peur de perdre tout le monde.

– Un copilote belge.

– Un avion en surcharge de 30 tonnes.

– Palma en dessous mais nous n'avions pas les informations de ce terrain dans notre base de données.

– Alger devant.

– Barcelone derrière.

Nous évaluâmes la situation et décidâmes de nous dérouter vers... Barcelone. Je transmis les commandes à Jean, le copilote et appelai le contrôle aérien de Marseille. Là, tout s'accéléra : Marseille fut super efficace et nous ordonna le demi-tour en nous transférant à Barcelone.

« *Hola, ¿qué tal ?* »

Mise en descente, nous nous dirigeâmes « plein pot, pleins phares » vers le point d'entrée de la piste ouest de l'aéroport catalan.

La prise en charge fut efficace : « Quelles sont vos demandes ? » (en anglais aéronautique version espagnole).

Nos besoins étaient simples : il nous fallait des services médicaux d'urgence, la piste la plus longue car nous étions lourds (on ne pouvait pas vidanger sur la version de notre avion) et les pompiers car les freins risquaient de chauffer (eh oui, on était lourds).

« Royeur ! »

Check-list :

- atterrissage en surcharge,
- approche,
- atterrissage.

Jean réalisa un atterrissage ultra doux, dégagea la piste et nous fûmes accompagnés par une ambulance et par les pompiers à notre point de stationnement. Madame Yvette fut rapidement prise en charge.

Restait maintenant à actualiser notre préparation de vol pour repartir vers Brazzaville.

Et là, ce fut le début des emmerdes.

Le mécano de la compagnie arriva nonchalamment, en maugréant que c'était la fin de sa vacation, que son collègue était en retard et que c'était le 1er janvier. Finalement, l'inspection de l'avion se fit par son collègue espagnol mais bon, c'était l'heure de la sieste et il arriva à l'avion avec 64 pages de procédures de maintenance... C'était lourd pour 30 tonnes !

Le seul problème était le temps maximal d'engagement de l'équipage. En effet, les règles de travail et de repos et leur application étaient très strictes tant au niveau national qu'européen.

Je m'enquis timidement de la durée de la vérification mais le mécano ibérique me répondit qu'il n'avait fait que les deux premières pages et qu'il devait retourner à son bureau. Nous ne le reverrions que deux heures plus tard...

J'avais beau donner des explications à nos clients, l'impatience grandissait. D'autant plus que la **butée équipage** approchait. Les opérations de la compagnie, centre névralgique, me furent d'un bon support mais, sans l'autorisation de la maintenance, ni moi ni Paris ne pouvions faire quoi que ce soit. Finalement, le mécano revint, pile à l'heure de la fin réglementaire de notre service, il devait avoir travaillé à la réglementation avant. Il fallut faire de plus amples vérifications documentaires et je dus me résigner à faire héberger nos passagers sur place, l'équipage aussi d'ailleurs.

Une soirée tapas pour tout le monde et nous nous retrouvâmes le lendemain pour reprendre notre route vers Brazzaville.

Les papiers furent signés et nous pûmes regagner Brazzaville et fêter le mariage de la fille de Madame Yvette. Cette dernière s'était bien remise de son aventure après quelques jours en observation à l'hôpital de Barcelone.

LE SAVIEZ-VOUS ?

La vitesse de décollage
et d'atterrissage tourne autour
de 270 km/h.

GLOSSAIRE

Aérofreins : surfaces mobiles servant à augmenter la traînée, la résistance à l'air. En fonction de la phase de vol, ils sont utilisés pour réduire la vitesse ou augmenter le taux de descente.

Alphajets et Epsilons : modèles d'avions utilisés dans les écoles militaires. La Patrouille de France est équipée d'Alphajets.

Appontage : atterrissage sur un porte-avions.

ATR : modèle d'avion bimoteur très efficace. Il est utilisé en aviation commerciale régionale, a été construit à Toulouse et a été décliné en deux modèles : l'ATR 42 et l'ATR 72.

Aviation charter : vols commerciaux à la demande.

Avionique moderne : l'avionique est l'ensemble des équipements qui aident au pilotage. L'avionique moderne, par opposition aux aiguilles et aux cadrans de l'avionique « classique », est constituée d'écrans vidéos ou de *glass-cockpit*.

Bijave : planeur biplace français en bois et en toile, produit à Issoire, très utilisé dans les écoles. La version monoplace était appelée « le Javelot ».

Boroscopage : action de maintenance permettant d'examiner un moteur après des dommages (ingestion de corps étrangers).

Boroscope : appareil permettant d'inspecter des endroits petits et difficiles d'accès. Constitué d'un tube rigide, ou flexible, avec un oculaire.

Butée équipage (ou butée réglementaire de temps de service) : limite réglementaire du temps de travail d'un équipage.

Calculateur : ordinateur spécialisé intégré aux systèmes de l'avion. Généralement, deux ou trois ordinateurs ou calculateurs sont montés en parallèle pour éviter les pannes.

CC : Chef de Cabine.

CCP : Chef de Cabine Principal.

« Certifs » théoriques : certificats des brevets théoriques de pilotes.

Chef d'escale : superviseur des moyens humains et matériels nécessaires au bon déroulement d'une escale.

Échelle de coupée de la passerelle : échelle permettant de monter dans la passerelle depuis le tarmac de l'aéroport.

FIT : Front Intertropical. Il s'agit de l'équateur météorologique présent en Afrique et en Atlantique Sud, siège d'orages fréquents et violents. Il oscille entre l'été et l'hiver, provoquant les saisons des pluies en Afrique sub-saharienne. On parle aussi de Zone de Convergence Intertropicale (ZCIT).

FLYCO : voitures de contrôle de piste. En liaison directe avec la tour de contrôle, elles vérifient l'état des équipements, coordonnent les phases d'alerte en cas de problème...

Fret (ou cargo) : marchandise ou cargaison.

Galley **:** les cuisines de l'avion !

« Grosse spire » : expression magique de mon professeur d'électricité pour expliquer... eh bien, j'ai oublié...

Indicatif radio : désignation de l'avion dans les communications radio.

IRGAV : acronyme d'Irrégularité d'Exploitation, ça n'a rien à voir mais c'est comme ça...

Kiss landing **:** atterrissage tout en douceur. Les militaires parlent de « baiser de pucelle ».

Manche à air (la biroute en jargon) : dispositif permettant d'indiquer la force et la direction du vent.

Mayday : expression internationale utilisée par les radios de communication pour signaler qu'un avion est en détresse. Elle vient du français « M'aider » !

Palonniers : pédales commandant la gouverne de direction de l'avion. Placées sur la dérive (le plan vertical de la queue de l'aéronef), elles sont aussi couplées à la roulette de nez de l'avion, permettant ainsi son guidage au sol.

Panne de centrale de cap : panne du compas (autre nom pour la boussole).

Passer verticale : un avion évolue dans les trois dimensions : passer verticale, c'est passer au-dessus d'une position.

PAX : acronyme de « passager ». Pour l'équipage, on parle de « PEQ ». PEQ et PAX sont dans un avion...

Phraséologie radio : vocabulaire aérien.

Plan de vol : le plan de vol est un contrat entre les organismes du contrôle aérien. Tout vol aux instruments nécessite d'établir un plan de vol.

PNC : Personnel Navigant Commercial. Il s'agit des hôtesses et des stewards.

PNT : Personnel Navigant Technique. Ce sont les pilotes et les mécaniciens navigants. La fonction de mécanicien navigant ayant disparu, Air France a officiellement abandonné ce terme en juillet 2017.

Pompes : voir « Thermiques ».

PTU : Prise de Terrain en U. En cas de panne du moteur, on essaye de dessiner un U pour revenir se poser… en douceur.

Push-back **:** un avion n'a pas de marche arrière. Comme nous sommes garés le nez face à l'aérogare, il faut nous repousser avec un tracteur pour quitter notre point de stationnement.

Radio VHF : bande de fréquence utilisée dans l'aéronautique (*Very High Frequency* ou Très Haute Fréquence).

Rappeler atteignant le niveau de vol : passer un appel radio pour prévenir le contrôleur aérien que nous sommes stables à notre altitude de croisière.

Remorquage : on utilise un avion pour tirer les planeurs et les faire décoller, c'est le remorqueur par analogie avec la marine.

Roulage : action de faire rouler l'avion.

Roulette de nez : train d'atterrissage avant de l'avion. Au sol, il permet de diriger l'avion.

Simulateur : dispositif utilisé pour l'entraînement des pilotes. Placés sur des vérins hydrauliques, il recrée fidèlement les mouvements et réactions de l'avion.

Sous régime de vol militaire : règles de vol spécifiques aux vols de l'armée.

***Sterile cockpit* :** concept consistant à éviter au maximum les conversations non techniques et perturbations dans les phases critiques du vol (décollage et atterrissage).

Tanké : bloqué.

Tarmac : le mot complet est « tarmacadam ». Cela désigne les parkings des avions, souvent en... macadam.

Taxiway : voie de circulation

Télex : l'ancêtre du SMS ! Il s'agit du réseau de télétranscription de messages par lignes téléphoniques. C'est aussi le nom du groupe qui a représenté la Belgique au concours de l'Eurovision en 1980... mais cela n'a rien à voir.

Thermiques (ou « pompes ») : Courants d'air ascendants utilisés par les planeurs car l'air chaud monte.

Tracteur : engin de piste utilisé pour tracter ou repousser les avions

Vent arrière (branche « vent dans le dos ») : un avion décolle et se pose de préférence face au vent. Un circuit de piste rectangulaire se compose de branches face au vent, vent traversier, vent arrière, étape de base et finale. Voilà, vous venez de faire votre premier « tour de piste » !

Verticale : voir « passer verticale ».

Vol à vue : vol avec des références exclusivement visuelles.

Vol aux instruments : on parle aussi de vol sans visibilité. Grâce aux instruments de bord, on peut se positionner dans l'espace.

UTA : Union des Transports Aériens. C'est la compagnie de transport aérien française, spécialiste du continent africain entre 1963 et intégrée à Air France en 1992.

TABLE DES MATIÈRES

Introduction.......... 5

Le « lâché ».......... 9

Première panne.......... 13

Zorro.......... 19

Le tour de France.......... 23

La cocotte-minute.......... 27

Le Polak.......... 31

La fin du rêve.......... 37

Service militaire.......... 41

Le raccourci.......... 51

La forêt de Sherwood.......... 57

Le kébab 61
Aviation d'affaire 67
La légende du rock 75
Captain Chew 83
Un téléphone pas comme les autres 87
Pilote de ligne 91
Fumée à bord 95
Le boulon de Niamey 101
Crique pare-brise 115
Menace de mort 121
L'Afrique 129
Laisse-moi 30 secondes 137
Reconduit à la frontière 147
Le cadavre de Lomé 151
Les mollets chauds 159
Départs manqués 165
Madame Yvette 173
Glossaire 179

Imprimé en Espagne par Cayfosa

ISBN : 978 2 36075 512 7

Dépôt légal : septembre 2017